ISBN: 9798334788206

DE **JÚNIOR** A **SÊNIOR**
EM TEMPO RECORDE

O guia do consultor de TI para crescer, criar conexões profissionais e predominar nas relações com clientes

OLIVIER F. NORMANDIN

Índice

Prefácio 10

Introdução 12

1: Como se preparar para o sucesso 18
   A bússola: missão e visão 18
      A declaração de missão 18
      A declaração de visão 21
   O caminho: Como escolher a empresa certa? 24
      1. Reputação da empresa 24
      2. Foco da empresa 26
      3. Tamanho da empresa 31
      4. Alcance global 33
      Como vincular os 4 fatores? 35
   Ferramentas: pontos fortes e fracos 37
      Autoavaliação honesta 38
      Coleta de *feedback* 43
   Um bom começo: *sprint* para o primeiro sucesso ... 44
      Aprenda uma nova habilidade 45
      Resgate um projeto em crise 45
      Identifique vitórias pequenas, mas urgentes 47
      Meça a relevância de cada projeto 47
      Use a alocação de recursos a seu favor 49
   Escolha suas batalhas: encontre um nicho 50
      Como identificar oportunidades 50
      Como adquirir experiência 52

2: Como navegar pelo espaço de trabalho 56
   Ponto de controle 56
      Checklist dos primeiros seis meses 56
   Um por todos e todos por um: como criar alianças profissionais ... 59
      Tabela de arquétipos 60
   Habilidades sociais para o sucesso 61
      Os reis se fazem na hora do cafezinho 63
      O elogio pelas costas 64

Como vencer a timidez sendo introvertido ... 65
Conselhos para uma comunicação eficaz ... 67
Entenda seu público ... 67
Faça amizade com o mundo da TI ... 69
Conheça o *lore* da sua indústria ... 69
A confiança como moeda de influência ... 70
A arte de doar ... 70
O papel terapêutico ... 71
Discrição, um ativo importante ... 72
Como negociar como um chefe ... 73
Timing é tudo ... 73
Estabeleça e cumpra metas concretas ... 74
Como apresentar seu caso ... 75
Como lidar com crises ... 76
A importância de delegar: o operador de emergências ... 76
Como delegar com sucesso ... 77

3: Como chegar ao porto seguro ... 82
Ponto de controle ... 82
Checklist dos primeiros 18 meses ... 82
Como falar com autoridade sem parecer arrogante ... 86
Um aliado estratégico: seu *project manager* ... 88
Não apresente problemas, resolva-os ... 89
Quando ceder e quando ser flexível ... 90
Como aproveitar o tempo livre ... 93
Preparando-se para o desembarque ... 94
Agradecimentos ... 96

OLIVIER F. NORMANDIN

Prefácio

Quando Olivier me falou de sua ideia para este livro, pensei que já deveriam existir vários outros abordando o mesmo tema. Contudo, eu nunca tinha visto, lido ou ouvido falar de nenhum. Como a consultoria de TI não é um setor novo, certamente deveria haver um Manual do Consultor, um livro precioso disponibilizado pelas empresas de consultoria para os novos funcionários com o objetivo de acelerar seu crescimento e prepará-los melhor para enfrentar os desafios inerentes ao setor. Mas não. Há pouca literatura que destaque os vários padrões e melhores práticas do setor para ajudar os recém-chegados a se integrar na área e acelerar seu desenvolvimento. Por quê?

Tendo passado a maior parte da minha carreira trabalhando para empresas de consultoria e colaborando com várias empresas de diferentes setores, percebi que uma parcela delas empresas, as que se preocupam com a formação e desenvolvimento dos funcionários, tendem a reinventar a roda. Costumam criar do zero material de treinamento e, achando que as situações com que lidam no dia a dia são muito específicas da sua realidade, não sabem como analisar e colocar essas informações em contexto. Assim, o material não contém os elementos importantes que fariam a diferença na integração de novos recursos.

Por outro lado, como a consultoria é conhecida por sua abordagem empreendedora, outra parcela maior de empresas tende a transferir a responsabilidade de treinamento e aprimoramento para o funcionário, deixando-os à deriva e depois separando os indivíduos que têm muito potencial daqueles que têm menos.

Na minha opinião, uma das explicações mais prováveis para a falta de informação sobre o assunto é que as pessoas que tiveram sucesso o fizeram por conta própria. Assim, da mesma forma que os ricos protegem as estratégias que lhes permitiram acumular riquezas, os consultores de sucesso relutam em dividir sua receita por medo de perderem a vantagem competitiva.

Na verdade, a maioria dos consultores vivencia os mesmos tipos de situações, independentemente do setor em que atuam. Expectativas, riscos, modos de fazer as coisas e competências básicas a serem desenvolvidas são, muitas vezes, as mesmas, não importa o contexto. Portanto, esse é o objetivo deste livro: compartilhar estratégias, conhecimentos e ferramentas específicas que ajudarão a estabelecer as bases de uma carreira, entender como desenvolver capacidade de networking e relacional e planejar a carreira a longo prazo.

Olivier é a pessoa ideal para escrever este livro porque ele próprio deu o salto para a consultoria sem experiência direta anterior.

Há vários anos, quando o entrevistei para um cargo de consultoria, sua falta de experiência poderia ter me preocupado. Mas depois de poucos minutos de conversa, ficou óbvio para mim que ele já possuía qualidades que lhe permitiriam ter sucesso nesse novo ambiente. Esse encontro levou rapidamente à contratação e, consequentemente, sua primeira experiência no mundo da consultoria. Desde então, tive o prazer de ver Olivier evoluir rapidamente nesse campo altamente competitivo. Eu o indiquei para vários contatos que também se beneficiaram de suas habilidades. Inclusive, tive a oportunidade de voltar a trabalhar com ele em diversas ocasiões, em diferentes empresas.

Olivier transformou desafios em oportunidades de aprendizagem e crescimento. Seu livro convida você a fazer o mesmo, à sua maneira. Desejo-lhe uma leitura enriquecedora e inspiradora e, acima de tudo, uma jornada profissional repleta de sucesso e aprendizagem.

Guillaume Godbout

Introdução

Eu poderia começar este livro com um monte de clichês sobre o mundo globalizado, sobre como o fascinante universo da tecnologia espera você de portas abertas, sobre como este livro é a solução mágica para todos os seus problemas. Mas não; prefiro começar com um conselho que é tão importante para este setor que acredito que vale a pena colocá-lo no primeiro parágrafo: se você quer desenvolver uma carreira importante na área de consultoria de TI, **aprenda inglês.**

Isso mesmo: aprenda inglês. Pratique a língua, faça amigos estrangeiros e converse nesse idioma sempre que possível, até se sentir completamente à vontade e conseguir pensar no idioma. Para muitos programadores e engenheiros de sistemas, o inglês técnico que usam pode ser suficiente, mas **no campo da consultoria, as coisas mudam**. Como consultor, você terá que falar com muitas pessoas, não apenas se comunicar com os clientes. Eles precisarão se sentir seguros quanto às suas habilidades e confiar em todas as suas palavras. Isso é muito diferente de conseguir expressar uma ideia em inglês.

Mas você pode pensar: "E se eu quiser trabalhar só no meu país ou dentro do Brasil ou de Portugal?". É possível, é verdade. Mas talvez você ainda não saiba que a melhor opção para crescer provavelmente seja trabalhar no mercado global (o que veremos em detalhes mais adiante). Para alcançar esse objetivo, é essencial ter uma boa comunicação com seus pares. Por isso, antes de mais nada, insisto: aprenda inglês. E agora que já te dei esse primeiro conselho, vamos avançar.

É importante ressaltar que construir uma carreira em consultoria **não é tarefa simples**. Mesmo superando a barreira do idioma (prometo que não incomodo mais você com esse assunto), ainda existirão desafios. Em um ambiente competitivo como esse, nem sempre é fácil avançar. Mas não se preocupe, você tem em mãos uma poderosa ferramenta para resolver essas questões! Este livro pretende ser **o guia essencial para acelerar sua carreira** de consultor. Vou passar conselhos-chave que ajudarão você a crescer e ir de júnior a sênior em tempo recorde. Mas o que significa "tempo recorde"? Concretamente, **a ideia é que você alcance um nível sênior em apenas dois anos**. Meu objetivo (e seu objetivo a partir de agora) é subir esse grande degrau em tempo recorde.

Mas, antes de continuar, quem sou eu e por que me acho suficientemente apto para ajudar você a avançar na sua carreira? Já vou contar. Sou Olivier, canadense de Montreal, parte francesa do Canadá. Por isso, como francófono e falante do espanhol e português, garanto que dominar idiomas além do inglês não é uma grande vantagem na profissão. E agora sim, prometo que não insisto mais nesse assunto.

Como comecei minha carreira? Aos 20 anos, me encontrava em uma encruzilhada vocacional que a maioria dos jovens enfrenta. Ao contrário de muitos dos meus colegas de universidade que seguiam os mesmos passos profissionais de seus pais, eu não vinha de uma família com experiência em negócios ou tecnologia. Não tinha contatos, ninguém que pudesse me aconselhar ou me dar oportunidades profissionais relevantes. Você deve estar pensando: "Mas você é canadense, isso já é um privilégio em comparação com outros países", o que é verdade. Não nego o privilégio de ter nascido no Canadá, mas nasci em uma família de classe trabalhadora, minha mãe era professora de escola pública e meu pai estava desempregado. Além disso, frequentei uma das piores escolas de segundo grau da província, onde não sobravam recursos nem oportunidades de aprender. No entanto, acredito que o que me diferenciou de muitos dos meus colegas foi a importância que minha família dava à educação. Isso me levou a seguir em frente e crescer apesar dos obstáculos.

Nessas circunstâncias, consegui me formar e dei duro para abrir caminho na universidade. Apesar dos meus esforços, enquanto cursava Administração em Montreal, eu tinha uma sensação de inadequação. Não tinha uma ideia clara do que queria fazer na vida e como poderia triunfar na carreira. Sentia que **me faltava encontrar um propósito profissional** para direcionar meus esforços e conseguir o que realmente desejava.

Durante minha formação em estratégia de negócios, interessei-me pela consultoria. Conheci empresas de renome e gigantes do setor, como Boston Consulting Group, Bain e McKinsey e, finalmente, encontrei uma área na qual queria crescer. No entanto, o caminho não foi simples. Não se consegue emprego em uma consultoria Big Three de um dia para o outro! De fato, um dos meus primeiros trabalhos enquanto estudava (e com o qual paguei meus estudos) foi como garçom. Mas tenho que admitir: não era muito bom. Algo que me ensinou esse trabalho exercido por tantos jovens de classe média como eu, e que ainda me é útil até hoje, é uma preocupação verdadeira com a satisfação do cliente. Naquela época, eu já sabia que queria ser um profissional que pudesse ajudar os outros e em quem as pessoas pudessem confiar. Afinal, quando pensamos nos consultores, imaginamos indivíduos dignos de confiança e com habilidades interpessoais excepcionais. Eu não era bom para equilibrar uma bandeja com uma pilha de pratos no braço. E mais de uma vez confundi os pedidos! Mas minhas habilidades interpessoais brilhavam. Sabia agradar as pessoas, recomendava os melhores pratos de acordo com o gosto do cliente e, assim, descobri que gostava de formar conexões pessoais no trabalho.

Embora desde o início soubesse que queria me dedicar totalmente à consultoria, minha primeira experiência profissional começou por outra direção. Meu primeiro trabalho sério foi em uma indústria farmacêutica. O tempo que passei lá não foi particularmente desafiador. Na verdade, era o emprego mais entediante do mundo. Sentia que estava perdendo os melhores anos da minha vida fazendo um trabalho que poderia ter sido realizado melhor por um software no qual não queriam investir. Meus colegas tinham entre 40 e 60 anos e não haviam feito grandes coisas em suas carreiras nem mostravam motivação em suas tarefas. Só chegavam ao escritório, sentavam-se, passavam oito horas colocando dados no sistema e iam para casa. Apesar de tudo, esse primeiro emprego me proporcionou uma valiosa experiência de trabalho: **ensinou o que não queria fazer da vida**

e me permitiu descobrir o que realmente me interessava.

Como minha verdadeira paixão estava no âmbito de TI, decidi me especializar nesse campo. Depois de dois anos na empresa farmacêutica, passei do departamento de produção para ode TI. Com essa nova experiência já encaminhado na direção que queria, senti que havia chegado o momento de buscar **novos desafios**.

Aos 26 anos fiz entrevista para um posto de consultoria. Embora o salário não fosse exorbitante, representava um grande feito e um sinal de sucesso: o objetivo de ser consultor se aproximava. Preparei-me intensamente para a entrevista. Estudei como se fosse para a universidade. Não, acho que me preparei muito mais. Graças a isso, consegui!

E me dediquei totalmente ao novo cargo, pois sabia que era a oportunidade que esperava. As coisas só melhoraram. Após um ano, liderei uma das maiores implementações no Canadá e, após dois anos, mudei-me para a Austrália como consultor líder do maior fornecedor de NetSuite da região. E, finalmente, consegui fundar minha própria consultoria!

Como cheguei a esse ponto? E **como você vai crescer e ir de júnior a sênior em apenas dois anos?** Para crescer em consultoria, assim como em outras áreas profissionais competitivas, a chave é **sempre tratar cada oportunidade como se fosse a mais importante**. Assim como um atleta profissional corre cada corrida de prática como se fosse a corrida real, para ter sucesso neste campo você deve tratar cada tarefa, cada projeto, cada entrevista, como se fosse o momento decisivo de sua carreira. Isso não é fácil. Exige compromisso, uma mentalidade séria e uma dedicação constante. Cada tarefa, cada projeto e cada cliente devem ser tratados com a máxima atenção e motivação. Não se trata de fazer muitas coisas ao mesmo tempo, **mas sim de fazer algumas coisas excepcionalmente bem**.

Esses primeiros conselhos são essenciais, mesmo sendo também um pouco gerais. Mas se você se identificou um pouco com minha busca, continue lendo, porque este livro será seu companheiro perfeito para os dois primeiros anos de carreira. Não importa de onde comece; se você se esforçar realmente e dedicar tempo para entender seus pontos fortes e metas, logo se tornará um consultor sênior experiente.

A seguir, fornecerei estratégias, conhecimentos e ferramentas precisas que ajudarão a estabelecer as bases da sua carreira definindo metas, nicho e empregador), entendendo como fazer networking, conhecendo suas habilidades interpessoais e planejando sua carreira a longo prazo.

Pronto para começar a jornada? Vamos lá!

1. Como se preparar para o sucesso

1: Como se preparar para o sucesso

A bússola: missão e visão

Aqui começa o caminho para os próximos dois anos. A primeira pergunta é: por onde começo? Fácil! Antes de mais nada, escolha onde quer ir.

Se cursou administração ou trabalhou em uma grande empresa, certamente já ouviu falar em **"missão e visão"**. É quase um clichê, algo a que muitas vezes não damos importância. Mas tem grande relevância para as empresas: **é a bússola que as guia**. Se você quer avançar na carreira, não seria bom ter uma bússola?

Por isso, por que não escrever sua missão e visão? Essas duas "declarações" pessoais não são meras palavras bonitas. Podem ser o que realmente determina todas as suas decisões, seu horizonte ao longe. Em outras palavras, não se trata apenas de descrever o que faz, mas também por que e para onde você está indo. Essas declarações servirão de guia em cada encruzilhada que surgir à frente. Vamos ver o que são e como defini-las.

A declaração de missão

A missão é o ponto de partida. Para encontrá-la, responda à pergunta fundamental: por que escolheu a consultoria de TI como carreira? **Sua missão deve refletir o propósito, a razão que impulsiona você a fazer o que faz.** Certifique-se de que sua missão seja concisa e reflita claramente o que você quer oferecer: quais serviços, qual é o público-alvo e como criar valor.

Sem saber por onde começar? Não se preocupe, reuni alguns elementos úteis para pensar em sua missão:

- propósito
- clientela
- habilidades
- diferenciadores
- o que meus clientes dizem sobre mim
- o que meus colegas dizem sobre mim

Nesta tabela, você encontrará possíveis respostas para cada um desses fatores, combináveis entre si:

Propósito	Clientela	Habilidades chave	Diferenciadores	O que meus clientes dizem de mim	O que meus colegas dizem de mim
Ajudar empresas a crescer de forma sustentável	*Startups*	Gestão de projetos	Implementação rápida, com pouco tempo de inatividade	"Tornou nosso negócio mais eficiente"	"Sempre cumpre os prazos"
Navegar pela mudança digital	Empresas Fortune 500	**Estratégia de alfabetização tecnológica**	Conhecimento profundo do setor	"Entende profundamente nosso setor"	"Não tem medo de desafios"
Impulsionar a inovação	**PMEs da América Latina com alto crescimento**	Pensamento criativo	Agilidade, prototipagem rápida	"Nos ajudou a chegar ao lançamento a tempo"	**"Sempre traz ideias novas"**
Melhorar a cibersegurança	Agências governamentais	Implementação de protocolos de segurança e auditoria	Conhecimento avançado do módulo de manufatura	"Suas recomendações são baseadas em dados e lógica"	"Tem um alto padrão de qualidade"
Otimizar processos empresariais	Provedores de saúde	Análise de dados e habilidades técnicas	Especialização em tecnologia de saúde	**"Foi honesto sobre nossos erros"**	"Gosto de trabalhar com ele/ela"

Vamos colocar isso em prática. Imagine um consultor que, como você, está nos primeiros anos de carreira, procurando crescer. Digamos que se chame "Fulano". Uma possível missão para Fulano, seguindo a tabela acima, seria:

"Minha missão é ajudar PMEs da América Latina com alto crescimento a crescer de forma sustentável, criando uma estratégia de alfabetização tecnológica. Meu diferencial é conseguir uma implementação rápida, com pouco tempo de inatividade. Quero que meus clientes me reconheçam pela minha honestidade quanto aos erros e que meus colegas digam que sempre surjo com ideias novas."

Com essa missão, Fulano já está no caminho certo para planejar os próximos objetivos.

Hora de pensar na sua própria missão! Reveja a tabela e escolha uma opção em cada coluna ou adicione opções novas. Com esses elementos, escreva a missão que acompanhará você daqui para frente.

_____
_____
_____
_____
_____
_____
_____
_____
_____

A declaração de visão

Você com certeza já ouviu a típica pergunta de entrevista de emprego: "Onde você se vê em cinco anos?". Bem, a visão poderia ser a resposta a essa pergunta; ela se projeta para frente, como se você pintasse um quadro que mostra um futuro em que alcançou seus objetivos.

A visão responde a perguntas como "Onde você quer estar no futuro?" e "Como imagina seu sucesso a longo prazo?". Mais do que tudo, deve ser inspiradora e motivadora. Deve ser ampla e geral, sem se concentrar muito em detalhes cotidianos e específicos. E não tenha medo de ser ambicioso! É sempre bom pensar alto para se desafiar. Depois, dá para diminuí-lo. Tem tempo, certo?

Esta nova tabela está orientada para a sua visão. Inclui:

- suas principais qualidades (veremos isso mais a fundo na seção "Ferramentas: pontos fortes e pontos fracos");
- seu mercado-alvo ou público-meta; e
- sua estratégia de saída, o rumo que gostaria de tomar depois de ter cumprido o objetivo de dois anos e chegar a sênior.

Mercado-alvo / público-meta (região, tipo, área)	Qualidades destacadas	Estratégia de saída
América Latina Empresas pequenas Varejo	Confiável, com pensamento crítico	Crescer em consultoria (tornar-se gerente, obter projetos maiores etc.)
Alcance global Startups Tecnología	**Inovador, criativo**	Associar-se a uma startup
Europa Hospitais Saúde	Adaptável, liderança	Fazer um MBA para depois obter um cargo em uma grande corporação
Estados Unidos Empresas médias Finanças	Analítico, orientado a dados	**Tornar-se consultor independente**
Ásia Grandes empresas Energia sustentável	Especialista, conhecimento profundo	Unir-se a um fundo de capital privado com uma estratégia de Roll-Up em Private Equity[1]

1: A estratégia de Roll-Up em Private Equity consiste em adquirir e consolidar várias empresas de um mesmo setor sob uma única entidade e arquitetura tecnológica, visando aumentar a eficiência, reduzir custos e criar uma entidade maior e mais sólida para sua posterior venda ou crescimento.

Vamos voltar ao nosso amigo Fulano e ver que visão ele montou usando a tabela:

"Minha visão é ser um consultor de pequenas empresas de varejo da América Latina, reconhecido por ser inovador e criativo no final, me tornar um consultor independente".

Uma meta clara como esta pode guiá-lo e impulsioná-lo, não importa quão distante esteja seu objetivo nem quantos obstáculos você enfrentará. **Pronto para montar sua visão? Vamos lá! Não se esqueça de sempre tê-la em mente para conhecer seu horizonte.**

Uma vez que você tenha clareza sobre sua missão e visão, **é importante considerar que a empresa em que trabalha deve estar alinhada com essa missão e visão pessoais**. Se seus objetivos e os da empresa em que trabalha forem em direções opostas, será muito difícil crescer da maneira e no tempo que deseja. Mas, como você pode garantir a escolha da empresa adequada? A resposta, você encontrará na próxima seção. Vamos em frente!

O caminho: Como escolher a empresa certa?

Escolher a empresa é como escolher o barco. Assim como você trabalha para que sua embarcação avance, colocando carvão na caldeira ou ajustando as velas, também depende do barco impulsioná-lo. É um trabalho conjunto onde o navegador e a embarcação se acoplam para ir mais longe. Por isso, é essencial que haja um bom ajuste e que a empresa onde você está se encaixe com suas metas, personalidade e preferências. **De todas as decisões que tomará nesta etapa de sua carreira, escolher a empresa é a mais importante.**

Agora, como exatamente escolher a empresa certa? Trabalhar em uma grande empresa internacional, em uma startup local ou em uma pequena empresa familiar não é a mesma coisa. Todas têm seus prós e contras, e estes dependem de seus objetivos. Por isso, é crucial ter uma estratégia sólida para escolher seu caminho e saber o que esperar no futuro.

A seguir, explicaremos os quatro fatores-chave para escolher um empregador: reputação, foco, tamanho e alcance.

1. Reputação da empresa

No mundo da consultoria de TI, a reputação é o que mantém você à tona. E sua reputação começa com a reputação das empresas para as quais você trabalhou. Já viu os perfis no LinkedIn de ex-funcionários da Deloitte, por exemplo? Todos começam se apresentando como "Ex-Deloitte". É quase como um segundo diploma, que responde à seguinte lógica: se a empresa é de elite, os consultores também devem ser de elite. Isso nem sempre é necessariamente verdade, já que empresas de elite também têm funcionários e processos deficientes, mas essa percepção é real, e é o que importa, porque influenciará a opinião dos outros sobre seu trabalho. É como um cartão de visita. Portanto, **a empresa que você escolher deve ter uma reputação excepcional.**

Geralmente, há poucas empresas líderes em uma área. Faça uma pesquisa para encontrá-las. Algumas dicas:

- Pesquise em sites profissionais como o LinkedIn para encontrar referências do setor e ver em quais empresas trabalham.
- Visite sites especializados, como TechCrunch para tecnologia ou Forbes para negócios.
- Analise relatórios de mercado, como os da Gartner e Forrester.
- Participe de feiras e conferências de seu setor.
- Siga líderes do setor nas redes sociais.
- Converse com especialistas para aproveitar a experiência e conhecimento deles.

Uma vez que tiver reunido as informações e delineado empresas nas quais gostaria de trabalhar, explore seus sites para pesquisar equipe, clientes e projeções futuras.

Converse com funcionários atuais ou anteriores para saber mais sobre o ambiente interno. O LinkedIn é um bom lugar para acessá-los. Não tenha medo de contatar ex-funcionários para perguntar sobre a empresa. A maioria estará disposta a dar uma opinião.

Além disso, é uma decisão muito importante para sua carreira! Supere a timidez para ter todas as informações disponíveis na hora de decidir.

2. Foco da empresa

Como se diz: **faz de tudo um pouco, mas nada direito**. E é muito verdade. Por isso, recomendo que, ao escolher onde trabalhar, leve isso em consideração: **sua empresa deve se concentrar em um conjunto limitado de tecnologias**.

Para se tornar mestre, é necessário dominar uma única disciplina em vez de conhecer superficialmente várias disciplinas diferentes. Evite trabalhar em empresas que abrangem mil tecnologias ao mesmo tempo. Elas tentarão seduzi-lo, convencendo-o de que um grande portfólio de tecnologias o valorizará mais como consultor, mas a realidade é que uma variedade muito ampla de softwares só dificultará seu desenvolvimento como especialista em uma área específica. Você não quer dedicar cinco horas semanais a oito tecnologias diferentes, mas sim dedicar 40 horas semanais a um software específico e acumular uma experiência enorme que o consolide como especialista.

Ao escolher uma disciplina principal, é útil saber quais são as mais vigentes em seu setor. Há várias grandes categorias tecnológicas que podemos chamar de "estrelas". As tecnologias "estrelas" geralmente se localizam em "constelações", dependendo do setor tecnológico em que são utilizadas.

No próximo gráfico, você verá alguns dos principais astros da indústria de consultoria ERP:

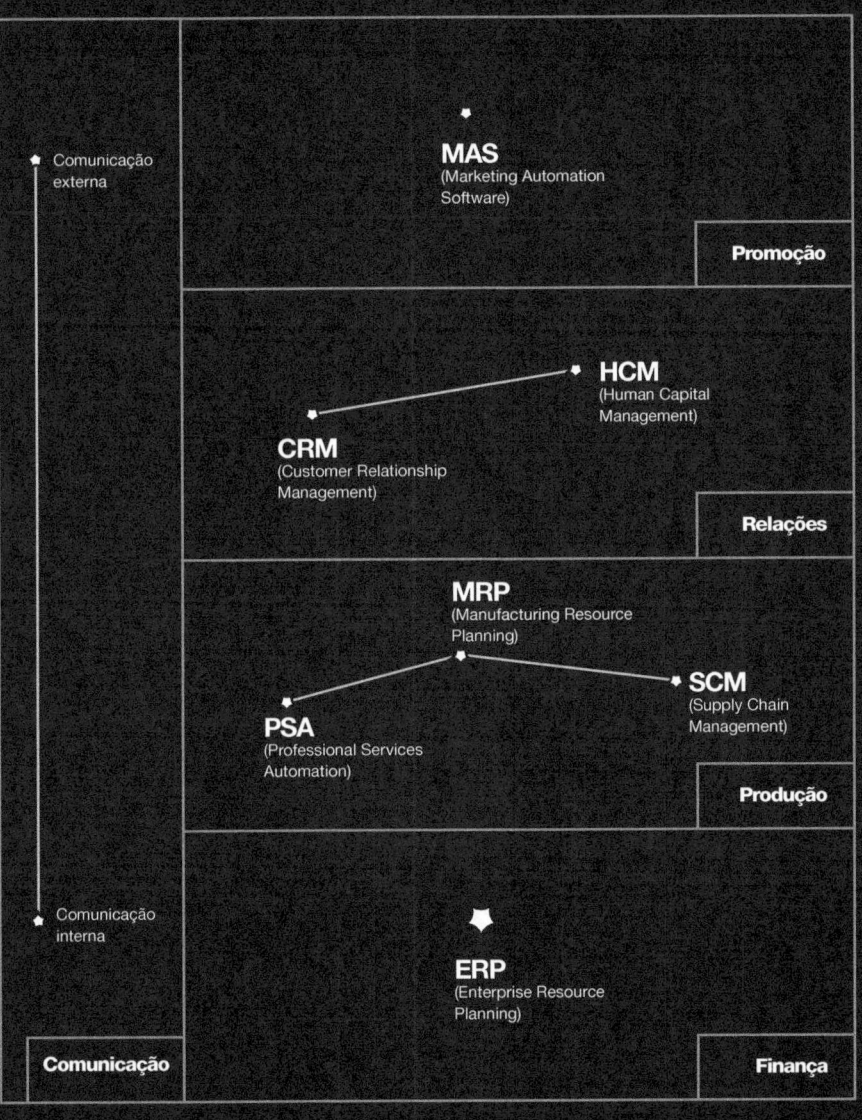

Para entender o foco de uma empresa, podemos pensá-lo como um sistema solar. No centro estará o Sol, o eixo central do negócio. Em volta dele, encontramos diferentes planetas e satélites, tecnologias que variam dependendo de cada empresa.

Veja, por exemplo, como seria o sistema de uma empresa com um Sol em Enterprise Resource Planning (ERP):

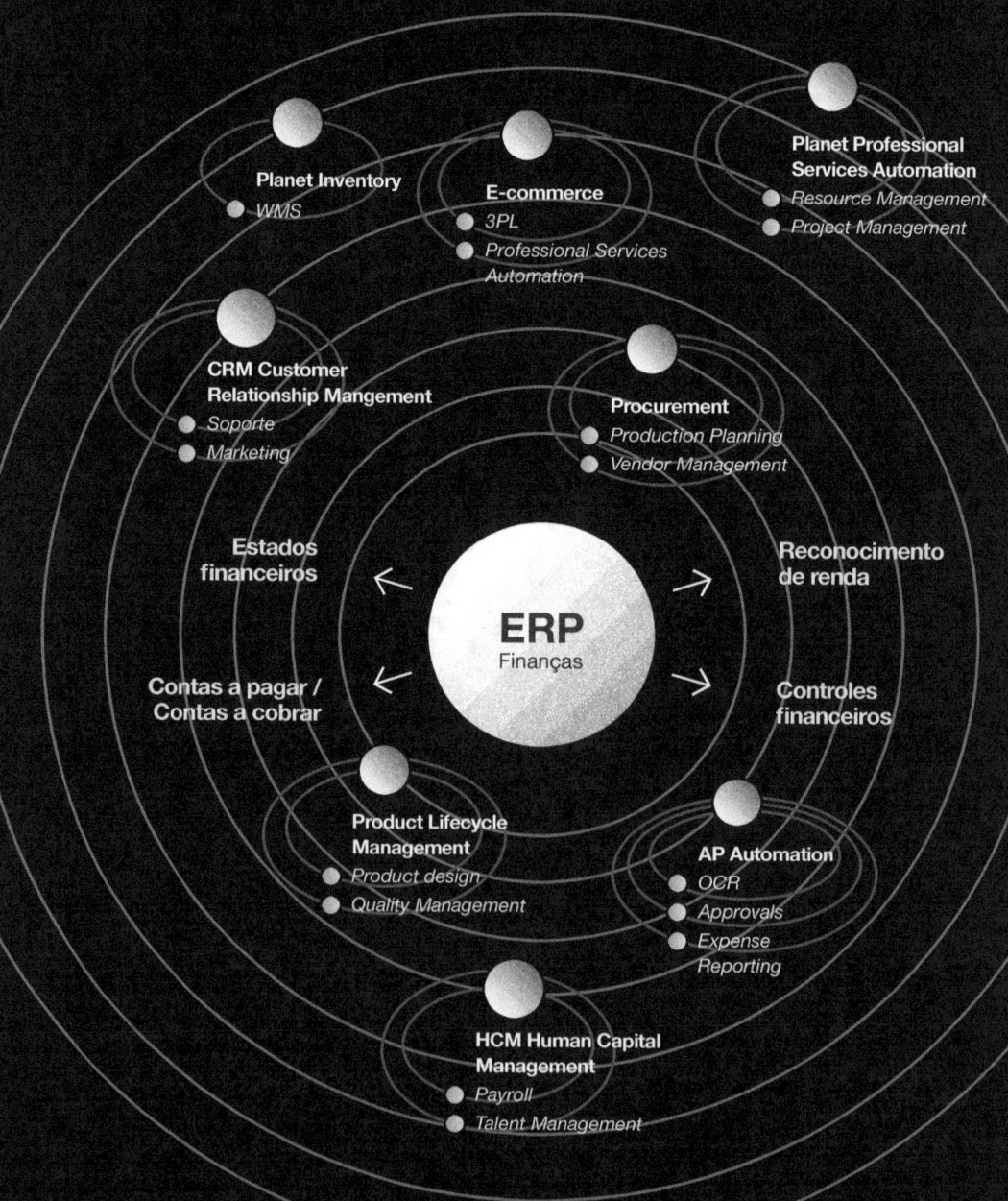

Uma vez identificado o foco de maior interesse, é crucial pesquisar os softwares mais utilizados nesse âmbito e quais se alinham com sua visão.

Para isso, você pode usar ferramentas como **Gartner Magic Quadrant, Forrester Wave, TrustRadius ou Capterra**, que oferecem informações sobre o posicionamento competitivo de diferentes provedores de tecnologia e permitem encontrar os líderes do mercado. Uma vez definidos os softwares de interesse, pense em empresas que trabalhem com eles. Isso permitirá maximizar sua experiência e aproveitar as tendências do mercado para se tornar um especialista nos programas que serão demandados no futuro.

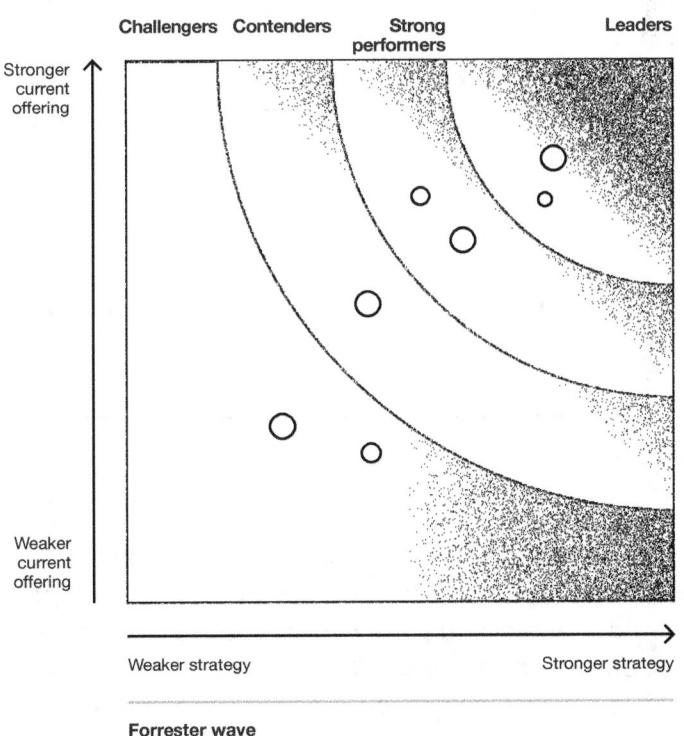

Forrester wave

Como último conselho, para avaliar a empresa é útil também levar em conta a quantidade de produtos e serviços que ela oferece e sua aplicabilidade em diferentes contextos. Se relacionarmos o número de produtos e seu contexto de uso (como veremos no próximo gráfico), as empresas ideais estarão no quadrante superior esquerdo.

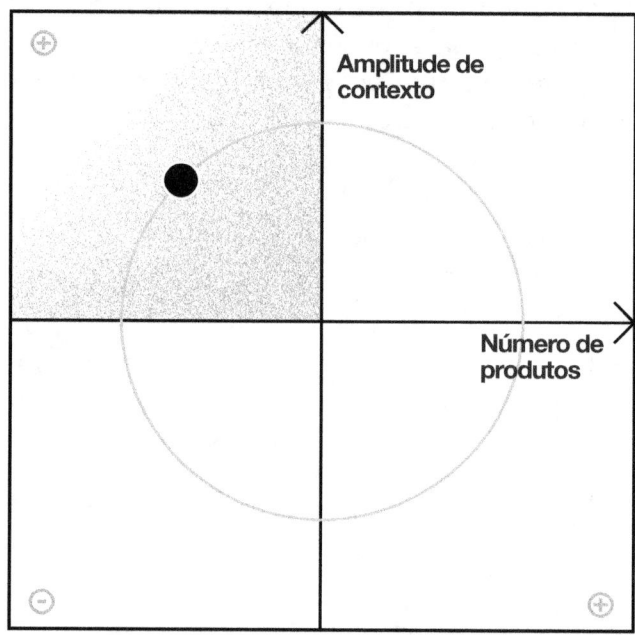

Buscamos idealmente uma empresa que ofereça uma gama limitada de produtos e serviços versáteis e adaptáveis a praticamente qualquer situação. Essa combinação de simplicidade e aplicabilidade generalizada identifica uma empresa altamente eficiente e adaptável, a opção perfeita para sua carreira e seus objetivos.

3. Tamanho da empresa

Agora, a grande questão: o tamanho importa? Claro que sim. O tamanho da empresa é um fator chave na hora de escolher onde trabalhar.

Você prefere ser um peixe grande em um lago pequeno ou um peixe pequeno em um lago grande? Há um número que consideramos "ótimo" ou, como gosto de dizer, o ponto ideal, em termos de tamanho: **entre 50 e 150 funcionários**. Dizemos que esse número é ideal porque oferece um equilíbrio perfeito entre oportunidades de crescimento e um local de trabalho suficientemente consolidado.

Mas por que não dizemos simplesmente "quanto maior, melhor"? Para isso, é útil conhecer as **quatro etapas do ciclo de vida de uma empresa**.

Na **primeira etapa**, quando as empresas de consultoria têm **menos de dez funcionários**, geralmente estão centradas em seus fundadores, cujas habilidades e personalidades são responsáveis pelo sucesso e crescimento inicial. Nesta primeira etapa, os fundadores estão em contato com o trabalho do dia a dia, a contratação e a implementação do negócio. A maioria dos funcionários que estão desde os primeiros dias são pessoas que o fundador conhece e que estão lá porque trabalham bem. Você está na linha de frente, mas como a empresa é muito pequena, ainda não acessa grandes projetos nem clientes que agreguem reputação.

Na **segunda etapa**, quando uma empresa começa a crescer, mas ainda tem menos de **50 funcionários**, obtém mais clientes e projetos, o que leva a mais contratações. Nesta etapa intermediária, a empresa adquire mais camadas de gestão e surgem os gerentes. O fundador não se envolve tão diretamente, embora ainda esteja em contato com a equipe diariamente. Seu papel passa a ser mais de "controle de qualidade" das implementações, em vez de supervisão direta. Isso permite expandir a quantidade de projetos, clientes e funcionários, sem perder qualidade.

Esse cenário oferece a possibilidade de assumir rapidamente tarefas diversas e de maior responsabilidade, mas a empresa ainda não terá tanta reputação nem alcance para que possamos participar de projetos de maior envergadura. Portanto, também não é exatamente o que você busca.

Na **terceira etapa**, quando a empresa tem entre **50 e 150 funcionários**, consolida sua reputação como parceira de implementação confiável, o que leva a acordos maiores. Nesse ponto, podemos dizer que a empresa está em uma espécie de "lua de mel", onde todos colaboram de maneira harmoniosa. Os projetos são entregues de forma eficiente e rápida e a fórmula que a levou até esse ponto continua funcionando, o que gera resultados positivos. É uma etapa de navegação tranquila, onde os rendimentos podem passar de 10 milhões de dólares para 30 milhões com mudanças mínimas em comparação com os primeiros dias. A mentalidade predominante momento é: "Se tudo isso é possível, por que parar aqui?". **É exatamente uma empresa nesse ponto que você está procurando**. O sucesso e o crescimento dela oferecerão desafios constantes, bem como os meios para superá-los e fazer a diferença. E assim, a empresa entra na quarta etapa, a última que abordarei aqui.

Na **quarta etapa**, a empresa ultrapassa **os 150 funcionários**. No entanto, administrar uma empresa com tantas pessoas é completamente diferente. São necessárias novas estruturas e habilidades que a maioria dos fundadores não possui. Nesta etapa, as implementações costumam se tornar mais caóticas e você pode se deparar com projetos de baixa qualidade, novos consultores trabalhando de maneira completamente diferente em relação aos primeiros dias ou contratações de emergência (contratados incorporados no último momento para "salvar" os projetos). Além disso, a empresa precisa de novas estruturas e departamentos que não tinha antes.

Aí está o problema: o que faz alguém ser bom para lançar uma empresa de consultoria de TI e fazê-la crescer até 150 consultores e 30 milhões de dólares não necessariamente capacita para levar essa empresa a 500 trabalhadores e 100 milhões em receitas. Infelizmente, a maioria dos fundadores não compreende isso e falha ao levar sua companhia para o próximo nível. Já vi várias empresas falharem ao tentar dar esse salto de tamanho, perdendo reputação, clientes e consultores, para finalmente caírem no esquecimento.

Por outro lado, as empresas que têm mais de 150 funcionários, embora geralmente ofereçam estabilidade e clientes importantes, apresentam o risco do anonimato. É fácil se perder na multidão e acabar realizando as mesmas tarefas durante anos sem possibilidade de promoção. E, se você é excepcional em uma tarefa monótona, é provável que te deixem fazendo-a para sempre.

Por isso, considero **essencial escolher uma empresa no ponto ideal de 50 a 150 consultores**: suficientemente avançada e desenvolvida, mas bastante precoce para evitar os desafios enfrentados pelas empresas maiores. Escolher uma empresa de tamanho médio — já com certa reputação, mas que ofereça menos anonimato — pode reduzir os riscos e oferecer maiores oportunidades de crescimento. Como um jogador jovem, sempre será mais vantajoso ser titular de um time não tão grande e entrar em campo, em vez de jogar em um time de primeira categoria e não pisar no gramado. Essa experiência nos primeiros anos permitirá que, posteriormente, você possa competir com os melhores.

4. Alcance global

O que você prefere: trabalhar apenas dentro dos limites do seu país ou ter a capacidade de alcançar o mundo todo? A resposta é bastante óbvia. Se sempre trabalhar com projetos nacionais, com um cenário e uma lógica familiares, você conhece todas as especificidades dessa região de cor. Mas, ao mesmo tempo, sempre encontrará o mesmo tipo de projeto e sua fama estará limitada às fronteiras nas quais atua. Trabalhar para uma empresa internacional, por outro lado, pode ser intimidante, mas também pode ser um trampolim para novos patamares. Sempre aprendemos mais com uma variedade de desafios e, além disso, expandindo o alcance, seu nome pode chegar a cantos do mundo que você nunca esperava.

Outro ponto importante a considerar é que a faixa salarial pode variar muito de um país para outro. Abrir-se para novas possibilidades em outros países também pode aumentar consideravelmente a renda que você recebe pelo mesmo cargo. Para expressar de maneira muito generalizada, um consultor de TI nos Estados Unidos ganha o dobro do que seus colegas canadenses, e estes, por sua vez, ganham o dobro do que recebe um consultor de TI no México.

Tendo isso em mente, escolher uma empresa com alcance global permitirá ampliar seu poder de decisão e a escala do seu trabalho. **Uma presença internacional abrirá mais oportunidades para a próxima fase da sua carreira**. Uma vez que domine o inglês (essa língua salvadora que venho defendendo desde a primeira página), você se sentirá confortável para se comunicar e trabalhar com pessoas de todo o mundo.

Além disso, a exposição a diferentes mercados e culturas não só enriquece sua experiência e amplia suas habilidades, mas também o prepara para cenários mais diversos. Por outro lado, você pode aspirar a liderar projetos globais, **trabalhar em escritórios estrangeiros ou assumir funções com impacto em escala global**.

Tenha em mente que existem empresas internacionais que se concentram em servir clientes de uma região específica. As empresas focadas na Europa geralmente preparam as pessoas para trabalhar com clientes de outros países europeus, pois compartilham fusos horários e outros aspectos em comum. Há outras empresas focadas exclusivamente em servir clientes nos Estados Unidos. Portanto, defina se seu objetivo é trabalhar na Europa ou nos Estados Unidos e escolha uma empresa que trabalhe com clientes dessa região.

É crucial, na busca por empregos internacionais, estabelecer conexões com empresas locais ou internacionais que estejam recrutando na sua região e tenham presença nos mercados onde deseja trabalhar. Confirme também o quadro legal que rege seu trabalho no exterior, incluindo a necessidade de criar uma empresa, faturar impostos, fazer declarações fiscais específicas e possíveis exigências de visto. É igualmente importante comunicar claramente sua disponibilidade de realocação ou sua preferência por trabalhar à distância.

Como vincular os 4 fatores?

Você já conhece os 4 fatores decisivos para escolher em qual empresa embarcar. Já deve saber de cor os pilares **reputação, foco, tamanho e alcance**. É hora de ver como combiná-los e o que priorizar, pois nem tudo é preto no branco.

De acordo com minha experiência, os dois primeiros critérios (reputação e foco) são mais importantes do que os outros (tamanho e alcance). Para ilustrar bem a importância relativa de cada um, projetei uma "matriz de decisão" ponderada, que você encontrará após este parágrafo. Ela pode ser usada para comparar facilmente as empresas que encontrar à medida que sua pesquisa progride.

Então, vamos ver como podemos encontrar o empregador ideal, levando em conta nossa missão e visão. Vamos chamar de novo nosso amigo Fulano e pegar novamente o exemplo do nosso amigo Sasha. De acordo com sua missão e visão, o empregador ideal seria uma empresa de consultoria que atende PMEs de alto crescimento na América Latina. Essa empresa teria um tamanho de cerca de 50-150 funcionários para que seja suficientemente organizada e estruturada e, ao mesmo tempo, dê oportunidades de se destacar. Quanto ao foco tecnológico, seria uma empresa dedicada a tecnologias que sustentem um crescimento acelerado, como sistemas ERP, CRM e outras ferramentas de automação com grande penetração de mercado.

Na sua busca, Fulano pensa nos seguintes empregadores:

Companhia A: Tem uma reputação excelente. Trabalha com três ERPs diferentes, dois CRMs e um sistema de gestão de recursos humanos. Atua nos Estados Unidos. Tem 20 funcionários.

Companhia B: Tem uma boa reputação. Está focada em um CRM líder do setor. Atua na LATAM e na Europa. Tem 100 funcionários.

Companhia C: Tem uma reputação bastante ruim. Está focada em um sistema contábil especializado em empresas manufatureiras. Tem alcance global e 250 funcionários.

Levando em conta os quatro fatores de decisão que vimos antes, podemos comparar as três companhias desta forma:

Matriz de decisão: *Fit* entre a companhia, missão e visão			
	Companhia A	Companhia B	Companhia C
Reputação da empresa (1-5 pontos)	5	4	1
Foco da empresa (1-5 pontos)	2	5	2
Alcance global (1-3 pontos)	1	3	3
Tamanho da empresa (1-3 pontos)	1	3	2
Pontuação total	9	15	8

Graças a esse método, concluímos que o empregador ideal para Fulano seria a companhia B. Lá, ele tem mais possibilidades de crescer porque ela se alinha com seus objetivos, tem uma boa reputação, se concentra nas tecnologias que interessam a Fulano, tem um tamanho médio e um alcance mais global. A companhia A, apesar de boa reputação, por ser menor provavelmente exigirá um vai e vem entre diferentes tecnologias, o que não permite a especialização e, por se concentrar nos Estados Unidos, não permite conhecer outros projetos globais. A empresa C, por outro lado, apesar de ser uma empresa grande e global, não seria uma boa opção devido à sua reputação e por se concentrar em tecnologias que não interessam a Fulano.

Agora, é sua vez de fazer o mesmo! Se sua missão e visão já estão claras, que tipo de empregador se ajustaria à sua busca?

Ferramentas: pontos fortes e fracos

Uma vez que tenha identificado uma lista de empresas que correspondem às suas ambições, você obviamente precisará se candidatar e ser contratado! No entanto, como este livro se concentra em como desenvolver a carreira de consultor, e não em como passar pelo processo de seleção de empresas de consultoria, vamos abreviar esta parte. Vamos presumir, então, que você conseguiu o emprego em uma empresa que se alinha com sua missão e visão. **A partir deste momento, sua missão é descobrir como otimizar esforços!** Para isso, é necessário conhecer seus pontos fortes e fracos, ou seja, quais habilidades você possui em seu arsenal. Uma boa introspecção ajudará a concentrar a energia no desenvolvimento do que você faz melhor. Não gaste esforços nos pontos fracos. Por enquanto não precisa ser bom em tudo! Invista no que distingue você dos outros.

Se, por exemplo, você é uma pessoa detalhista, mas não tão criativa, concentre-se na qualidade do conteúdo e apoie-se em seus colegas para decisões de design criativo. Não se frustre tentando resolver tudo sozinho.

Isso não significa que, se o ponto fraco for muito evidente, não deva se esforçar para melhorá-lo até alcançar um nível decente. Não adianta dizer: "Sou bom em gerenciar, mas não consigo ter nenhuma ideia criativa". Em toda equipe há tarefas que devemos realizar, mesmo que não sejamos bons nelas ou que não nos agradem. Até os melhores restaurantes precisam levar o lixo para fora pelo menos uma vez por dia. Mas é bom poder contar com outros em aspectos mais difíceis para nós e ajudar os demais naquilo que fazemos melhor.

Como conhecer seus pontos fortes e fracos? A seguir, darei alguns conselhos para ajudá-lo a identificar seus pontos fortes e áreas de melhoria:

Autoavaliação honesta

Reserve um tempo para refletir sobre suas habilidades, conhecimentos e experiências. Faça isso com sinceridade, sem subestimar ou exagerar suas capacidades, para ter uma ideia clara do que o diferencia dos demais.

Para isso, existem vários **testes de aptidões disponíveis online**. Pessoalmente, prefiro o teste **HIGH5**, pois indica pontos fortes e fracos e propõe um plano de ação concreto para aproveitá-los. Além disso, contém um sistema próprio de feedback de colegas para que você possa receber comentários de outros. Há uma versão gratuita e uma completa, por USD 29,00, do teste.

Existem outras opções de testes gratuitos muito bons. Veja alguns deles:

- Myers-Briggs Type Indicator (MBTI)
- 16 Personalities
- Big Five Personality Test
- Enneagram

- Kolbe A Index
- Holland Code (RIASEC) Career Test
- CliftonStrengths

Além dos testes, faça sua autoavaliação usando a tabela que compartilho a seguir. Lembre-se: ninguém está sendo criticado! Só você verá os testes. O objetivo é se conhecer bem; por isso, a honestidade é fundamental.

Complete todas as partes da primeira tabela classificando cada habilidade de 1 a 6. Um (1) seria uma ideia da qual você discorda totalmente (por exemplo: "Eu nunca transmito minhas ideias de forma clara"), e seis (6) seria quando você concorda plenamente com a afirmação (por exemplo: "Eu transmito minhas ideias de forma tão clara que todos entendem de primeira"). Em seguida, some a pontuação de cada categoria e classifique-a em ordem decrescente na segunda tabela, "Plano de Ação", que será o resultado da autoavaliação. Estabelecendo uma hierarquia entre suas habilidades de comunicação, de resolução de problemas, relacionais, gestão de tarefas e aprendizado - cinco habilidades importantes na consultoria - você poderá identificar como usá-las a seu favor. Por exemplo, um consultor cujas habilidades de gestão de tarefas não são muito boas deve procurar "delegar" esse aspecto do trabalho. Por exemplo, alie-se a alguém muito organizado ou estabeleça uma rotina rígida de gestão de tarefas. O importante aqui é entender o que fará você brilhar (suas habilidades mais dominantes) e o que poderia fazer você falhar (suas habilidades menos evidentes). No meu caso, minha capacidade de aprender rapidamente sempre foi um ponto forte, enquanto minha capacidade de estabelecer relações profissionais e pessoais duradouras e de gestão de tarefas sempre foram pontos a observar. Sabendo disso, estabeleci estratégias vencedoras, e convido você a fazer o mesmo!

Comunicação	
Afirmação	**Pontuação (1-6)**
Transmito minhas ideias de forma clara.	
Adapto meu estilo de comunicação ao público.	
Escutar ativamente é algo natural para mim.	
Falo em público com facilidade.	
Dou e recebo *feedback* construtivo sem problema.	
TOTAL	

Resolução de Problemas	
Afirmação	**Pontuação (1-6)**
Identifico problemas potenciais antes que se materializem.	
Consigo ter um ponto de vista claro diante de problemas que parecem complicados.	
Consigo manter a calma sob pressão.	
Sei como priorizar tarefas durante uma crise.	
Adapto minha abordagem para resolver problemas novos.	
TOTAL	

Relacionamentos	
Afirmação	**Pontuação (1-6)**
Gosto de trabalhar em equipe.	
Gosto de poder resolver conflitos entre colegas.	
Tenho facilidade para construir relações profissionais	
Costumo mostrar empatia pelas necessidades dos outros.	
Motivo os outros com facilidade.	
TOTAL	

Gestão de tarefas	
Afirmação	**Pontuação (1-6)**
Cumpro prazos de entrega sem problema.	
Sei quais tarefas priorizar no meu dia a dia.	
Realizo múltiplas tarefas ao mesmo tempo (multitasking), se necessário, para maximizar minha produtividade.	
Delego tarefas eficazmente.	
Só consigo relaxar completamente quando sei que concluí todas as tarefas do dia.	
TOTAL	

Aprendizado rápido e adaptabilidade	
Afirmação	Pontuação (1-6)
Aprendo com meus erros.	
Me adapto rapidamente a novas situações e ambientes.	
Assumir novos papéis é algo natural para mim.	
Aprendo novas habilidades com facilidade.	
Tenho facilidade para pesquisar e adotar novas ferramentas e tecnologias.	
TOTAL	

Categoria	Nível	Plano de ação
Categoria 1:	Brilhar	Estas são suas **forças principais**. Use-as ao máximo para maximizar seu sucesso.
Categoria2:	Negociar	Estas são suas **forças secundárias**. Use-as com discrição quando vir uma boa oportunidade.
Categoria3:		
Categoria 4:	Delegar	Estas são suas **áreas menos fortes ou pontos fracos**. Delegue tarefas destas áreas a outros que brilhem nelas.
Categoria 5:		

Coleta de *feedback*

O que as pessoas pensam sobre você? Busque comentários de colegas, professores ou líderes que possam fornecer uma perspectiva externa sobre suas habilidades e como você é percebido por outros. O feedback sincero serve para conhecer seus aspectos positivos e o que pode ser melhorado. É importante receber opiniões externas para se ver de diferentes perspectivas.

Se optar pela versão paga do HIGH5, ela inclui a possibilidade de pedir e receber feedback, o que ajuda a confirmar ou refutar a percepção que você tem de seus pontos fortes e fracos.

Há também outros métodos ou testes, ou você pode pedir a colegas, líderes ou conhecidos que respondam à tabela da seção de Autoavaliação Honesta sobre você. Compare suas respostas com as deles para ver se coincidem e enriqueça sua autopercepção com novas perspectivas.

Um bom começo: *sprint* para o primeiro sucesso

Agora que escolheu a empresa, conseguiu ser contratado e conhece seus pontos fortes e fracos, é hora de montar um plano para garantir um grande sucesso profissional no menor tempo possível. Neste capítulo, vou dar várias dicas que permitirão a você brilhar no primeiro mês no novo emprego. Considere seu primeiro mês de trabalho em consultoria de TI como o primeiro sprint.

Posso falar um pouco da minha própria experiência para dar um exemplo. Algumas semanas após começar em consultoria, meu chefe saiu de férias por duas semanas. Na equipe, ficamos apenas dois. Meu colega, também um novato, e eu.

Eu poderia simplesmente ter esperado meu chefe voltar. Afinal, era natural pensar que ninguém esperava grandes resultados de mim nos primeiros dias de contratação. Em vez de relaxar chefe esperar por ele, me ofereci para assumir uma parte complexa de um projeto importante que exigia aprender uma tecnologia com a qual ninguém na empresa havia trabalhado até então. E consegui superar o desafio!

Quando meu chefe voltou, descobriu não só que tudo estava em ordem, mas que eu havia resolvido um de seus maiores problemas: encontrar alguém que aprendesse a nova tecnologia. A partir de então, conquistei totalmente sua confiança e a qualidade do meu trabalho era tida como certa. Sempre que podia, ele me recomendava para tarefas de maior responsabilidade. **Eu não precisava mais provar meu valor, apenas manter o rumo e a boa reputação que havia conquistado.**

Por isso, desde o início, é importante definir metas claras e realistas que possa cumprir a curto prazo. Isso ajudará você a se focar no que realmente importa e a mostrar seu progresso. Não espere que lhe atribuam tarefas: tome a iniciativa! Seja proativo! Busque oportunidades para contribuir, fazer perguntas inteligentes e aprender rapidamente.

A seguir, deixo alguns conselhos para deixar uma primeira impressão memorável e positiva.

Aprenda uma nova habilidade

Há uma nova ferramenta que ainda ninguém no escritório sabe usar? Seja o primeiro a aprendê-la!

Os produtos tecnológicos modernos estão constantemente lançando novos módulos. Cada nova funcionalidade traz novas ferramentas e formas de se destacar. É útil estar a par das novidades nas tecnologias que você usa e se atualizar regularmente sobre os novos avanços.

Por exemplo, quando o NetSuite lançou o SuiteAnalytics em 2018, foi uma grande oportunidade para um consultor júnior aprender tudo o que pudesse sobre o tema, porque era um investimento de tempo que poderia trazer muito reconhecimento. Não é preciso saber tudo sobre uma tecnologia nova para ser considerado um especialista; basta saber um pouco mais do que a pessoa com quem você está falando. Se essa pessoa não conhece nada sobre a nova tecnologia, o simples fato de conhecer um pouco já magicamente o transforma em um "especialista" aos olhos dela, e isso soma muitos pontos! Além disso, contribui com seu currículo.

Resgate um projeto em crise

Outra excelente maneira de se destacar rapidamente é participar de um projeto em crise. Os projetos podem entrar em estado de crise por várias razões: cliente difícil, má compatibilidade entre a equipe e o cliente, falta de esforço da equipe, diferenças entre a solução proposta e os requisitos do cliente... A lista é longa. A pergunta a ter em mente é: "Posso usar uma das minhas forças mais notáveis para ajudar na resolução do problema?" Para isso, é essencial conhecer seus pontos fortes (como vimos no início do capítulo) para identificar boas oportunidades e ter um grande impacto a curto prazo.

Por exemplo, se você é organizado e meticuloso e há um problema de falta de documentação e desordem em um projeto, essa é uma boa oportunidade para você brilhar e se destacar. Um dos consultores mais talentosos que conheci usou exatamente essa abordagem algumas semanas após ser contratado. O projeto havia sido lançado algumas semanas antes e, repetidamente, a equipe enfrentava problemas de integração. O maior deles era a falta de clareza sobre o que estava causando os erros. Percebendo isso, o consultor realizou uma simples análise de Pareto, atribuindo uma causa a cada erro e analisando a distribuição. Em seguida, preparou um relatório muito simples, destacando que duas causas eram responsáveis por mais de 70% dos erros. Não é preciso dizer que seu chefe ficou muito impressionado, e ele foi colocado à frente da equipe que apresentou e entregou uma *change order* (ordem de mudança) para resolver a situação. Com apenas alguns dias de trabalho árduo, ele ganhou um reconhecimento que ainda o beneficia hoje, agora como gerente em uma das maiores empresas do mercado. Tente, você também, encontrar tais oportunidades!

Mas **cuidado com os becos sem saída**: aqueles projetos em que se chegou a um ponto morto, onde não há uma solução à vista. A designação deve ser uma vitória rápida na qual você saiba que pode contribuir facilmente. Uma má designação para um projeto sem solução pode custar-lhe meses de trabalho sem avanços. Você poderá reconhecer um beco sem saída pelos seguintes alertas: se outros consultores ou stakeholders (partes interessadas) pedirem para mudar de projeto ou pedirem demissão ou transferência para outro projeto enquanto estão lá; se o projeto estiver muito atrasado e excedido o orçamento inicial; se os requisitos não forem claros. Nesses casos, corra! Não vale a pena ficar preso a causas perdidas.

Identifique vitórias pequenas, mas urgentes

A urgência e a importância muitas vezes se confundem, mas na realidade são duas coisas bem diferentes. Por exemplo, correr para abrir a porta do micro-ondas aos 0:01 segundos para evitar aquele irritante "bipe-bipe-bipe-bipe-bipe" é algo urgente: se não realizar a tarefa rapidamente, você vai sofrer com o barulho desnecessário e irritante. Mas, por outro lado, ninguém morre por tolerar um alarme de poucos segundos.

Dito isso, pequenos problemas tendem a se acumular no fluxo de tarefas. Se você identificar os mais urgentes e resolvê-los rapidamente (e quando digo rapidamente, quero dizer, literalmente o mais rápido que puder), conseguirá uma **boa relação entre esforço e visibilidade**.

Por exemplo, um detalhe menor, mas que tem certa urgência, é a coleta de notas depois de uma reunião longa. Quem a tenha moderado certamente estará exausto e, dessa forma, você pode tirar um peso de cima dele. Outra tarefa mais importante e urgente pode ser criar dummy data (dados genéricos) para testar uma demo que será realizada no mesmo dia. É algo fácil e que pode ser de muita ajuda. Com pequenos esforços bem direcionados, você ganhará o título de "**solucionador de problemas**".

Meça a relevância de cada projeto

Todos sabemos que nosso tempo é limitado; por isso, é importante decidir o que fazer com ele. Passar os primeiros dois anos de carreira preenchendo planilhas burocráticas em vez de investir esse tempo em levar adiante um projeto unicórnio, daqueles que aparecem muito de vez em quando e que concentram todas as atenções, não é a mesma coisa.

Nos grandes projetos, geralmente estão envolvidos tomadores de decisão chave ou stakeholders importantes dentro da organização do cliente. Há **três aspectos essenciais para entender a relevância de cada projeto**: o **impacto** (quanta relevância tem para sua empresa ou para o cliente), a **urgência** da tarefa (quanto mais urgente, mais crédito receberá se a concluir adequadamente) e a **importância** dos stakeholders (ou seja, quanta relevância tem para as pessoas interessadas).

Como identificamos os stakeholders? São pessoas importantes que participam da tomada de decisões, seja dentro da companhia (seu chefe, o CEO ou outro cargo de liderança) ou fora (um empregado de alto cargo do cliente que pode depois falar em seu favor).

Para avaliar um projeto e saber se merece seu tempo, é possível utilizar a seguinte tabela:

Relevância de projetos		
Impacto do projeto	Urgência da tarefa	Importância dos *stakeholders*
Baixo	Baixa	Baixa
Baixo	Baixa	Alta
Baixo	Alta	Baixa
Alto	Baixa	Baixa
Alto	Baixa	Alta
Baixo	Alta	Alta
Alto	Alta	Baixa
Alto	Alta	Alta

Na tabela, a relevância dos projetos é pontuada com base em três eixos: impacto, urgência e relevância para os stakeholders.

A estratégia ideal consiste em focar nos projetos que têm pelo menos duas categorias de relevância "alta" (os que encontramos no final da tabela). São os projetos com o potencial de criar uma mudança significativa, que requerem uma ação imediata e que têm importância para stakeholders chave.

Ao dedicar recursos e esforços a esses projetos, não só se maximiza a eficácia, como também se fortalecem as relações com os stakeholders mais influentes. Escolher o projeto certo pode dar mais visibilidade ao seu trabalho.

Use a alocação de recursos a seu favor

Uma das perguntas econômicas básicas é como alocar recursos limitados a necessidades ilimitadas. Cada empresa de consultoria tem um processo de alocação através do qual distribui seus próprios recursos (empregados, horas de trabalho, treinamento) aos projetos em andamento. Conhecer os detalhes desse processo é essencial porque permite que você o use em seu interesse.

Normalmente, os consultores juniores não têm voz nas alocações, mas você pode mudar isso simplesmente falando com seu gerente e expressando que está buscando tarefas urgentes ou projetos problemáticos. Não mencione que seu objetivo é obter uma alta exposição ou ser conhecido nas altas esferas, guarde essa informação para si. É melhor mostrar-se interessado em ajudar, e não apenas ganhar renome.

O processo de alocação de recursos geralmente ocorre nessas reuniões que acontecem com diferentes frequências:

Mensalmente. A direção foca no planejamento de longo prazo com um horizonte de cerca de seis meses, para identificar se haverá necessidade de novas contratações, realocações ou possíveis lacunas de habilidades. Embora isso seja crucial para a estratégia geral da empresa, esse planejamento muitas vezes é demasiado macro para influenciar diretamente as operações diárias. No entanto, você pode usar isso a seu favor: aproveite esses momentos para mencionar ao chefe que você está interessado em novos desafios, para que ele pense em você na próxima vez que uma oportunidade surgir.

Semanalmente. Os gerentes e líderes de equipe se reúnem para discutir projetos, prazos e prioridades e alocam recursos com base em suas habilidades e disponibilidade. Essa reunião serve como a espinha dorsal para a atribuição de tarefas e projetos de curto prazo. Como consultor, você deve estar ciente de quando essas reuniões ocorrem para poder pedir ao seu gerente que atribua a você uma tarefa de alto impacto.

Diariamente. A maioria das empresas de consultoria adota uma abordagem ágil para planejar o dia a dia. As equipes frequentemente têm uma breve reunião diária, muitas vezes chamada de scrum, onde cada recurso comunica sua disponibilidade imediata e o estado atual de sua tarefa ao gerente. Os gerentes usam essa informação para atribuir tarefas de última hora e priorizar as atividades que necessitam de atenção imediata. Essa prática garante que todos estejam alinhados e que as tarefas mais urgentes não sejam negligenciadas. É o momento de falar e conseguir a atribuição de tarefa de alto impacto.

Aproveite todos esses momentos de planejamento para se fazer ouvir e pedir uma participação importante nos projetos.

Escolha suas batalhas: encontre um nicho

Como identificar oportunidades

Você quer ser o espadachim, o estrategista, o criador de poções mágicas, o líder? Em qualquer aventura, cada personagem tem uma habilidade especial com a qual enfrenta os obstáculos. Essa especialidade é chave em sua jornada e define seu papel em uma equipe. Na aventura profissional, é importante encontrar sua habilidade especial o mais rápido possível. **A aquisição precoce de uma especialização pode ajudar a diferenciar-se do restante e construir sua identidade profissional**. A seguir, trago algumas sugestões sobre como escolher habilidades de nicho e desenvolvê-las para se distinguir frente a outros consultores do seu setor.

Primeiramente, conhecer o mercado-alvo e as tendências em tecnologia é a chave para se antecipar ao resto. Identifique áreas de alta demanda, pergunte-se **quais habilidades serão valiosas no futuro próximo** e assegure-se de ser um dos primeiros a adquiri-las. Se, por exemplo, estamos em 2022 e seu empregador se dedica a construir *chatbots*, você tem que entender que ChatGPT e outros geradores de texto com IA serão tendência em breve. Ser um visionário do setor permitirá que você esteja na vanguarda e tenha mais oportunidades. Mantenha-se informado ficando atento às tendências, aos anúncios estratégicos e lançamentos de empresas relevantes em seu campo. Esteja atento às necessidades e possíveis lacunas de conhecimento de sua empresa, seja por novas tendências ou porque especialistas no assunto tenham saído, para que seu empregador foque em cobrir essas lacunas. Procure ser você o encarregado de importar esse conhecimento. Conseguir antecipar-se constantemente ao novo e chegar na frente não é fácil (a menos que você seja um vidente), mas manter os olhos sempre abertos ajuda.

Em segundo lugar, é essencial **encontrar seu nicho**. Lembra-se do que aprendeu em "Um bom começo: sprint para seu primeiro sucesso"? Vimos como obter sucesso inicial e visível escolhendo áreas, projetos e tarefas com alta visibilidade. Seja igualmente seletivo ao escolher um nicho. Deve ser uma especialidade onde suas habilidades e paixões coincidam com as necessidades cruciais da empresa. É como escolher o cavalo vencedor em uma corrida: aposte em uma área que não apenas seja essencial para a empresa, mas também onde você possa se destacar e fazer uma diferença significativa. Por exemplo, conheço vários consultores que se concentraram rapidamente em módulos muito avançados de um produto específico, tornando-se assim indispensáveis para seus clientes e chefe. Ou então especialize-se em uma habilidade transversal que poderá usar em vários contextos diferentes. Tudo é uma questão de julgamento: o que mais falta ao seu redor?

Como adquirir experiência

Uma vez que tenha identificado oportunidades para crescer, é hora de estar à altura delas! Pesquise programas de formação e certificação nas habilidades que lhe faltam. Obter uma certificação em uma tecnologia específica não apenas demonstra suas habilidades, mas também aumenta significativamente seu atrativo para os empregadores. É como obter um selo de qualidade que respalda seus conhecimentos e agrega valor à sua empresa, pois ela poderá se gabar de ter consultores certificados.

Na busca por cursos, você poderá encontrar alguns mais caros. Não tenha medo de pedir ao seu chefe que financie esses cursos; a longo prazo, o investimento será benéfico. Pode parecer contraditório, mas quanto mais caro o curso, melhor, pois isso implica que mais pessoas em sua empresa terão que dar sua aprovação para alocar o orçamento, o que aumenta a visibilidade e o valor percebido do seu desenvolvimento profissional. Desta forma, seu desejo de aprender terá maior visibilidade e será notado por mais pessoas. Você quer ser reconhecido como especialista no assunto, então é bom que seu nome e rosto estejam associados a essa habilidade. A visibilidade interna é a chave para abrir novas portas e oportunidades.

Uma vez que tenha concluído o curso, não se acomode. Não basta apenas a teoria: é hora de colocar esses conhecimentos em prática! Uma vez adquiridas as novas habilidades, não espere que chegue um projeto em que serão necessárias. Use seu conhecimento recém-adquirido de maneira proativa. Encontre um projeto que necessite das habilidades que você acabou de adquirir e assegure-se de ser designado a ele através do processo de alocação de recursos, como mencionado no capítulo anterior. É fundamental demonstrar resultados concretos e aplicar conhecimentos em situações reais.

2: Como navegar pelo espaço de trabalho

Ponto de controle

Você já preparou sua bagagem para esses dois anos de crescimento? Se leu com atenção a primeira parte deste livro, dentro da mala devem estar: a bússola (missão e visão), o guia para escolher empregador, um autoteste de forças e fraquezas e as instruções para selecionar projetos e nichos relevantes.

Se está bem equipado e já começou a construir uma boa reputação, seus próximos passos serão fortalecer sua posição e manter o rumo sem se desviar. Mas antes de continuar, vamos ver se você está realmente preparado.

Elaborei uma **lista de condições para revisar antes de avança**r. É muito útil para avaliar se você cumpriu as metas dos primeiros meses ou se precisa fazer algum ajuste.

Não se preocupe se descobrir que falta alguma coisa. Leve o tempo necessário para revisar as páginas anteriores e assim chegar em bom estado ao final do percurso.

Checklist dos primeiros seis meses

Como utilizar a *checklist* a seguir? Muito fácil revise os objetivos da tabela, agrupados por mês e tipo de realização, e some os pontos daqueles que você cumpriu nos primeiros seis meses de desenvolvimento.

Tenha em mente que, para passar para a próxima etapa como consultor, o ideal é que você tenha um mínimo de 70 pontos nos primeiros seis meses para estar bem encaminhado. Não se preocupe se faltarem pontos ou se não concluir cada marco no respectivo mês. Os tempos servem como referência, mas você pode voltar atrás e se concentrar em concluir os marcos pendentes.

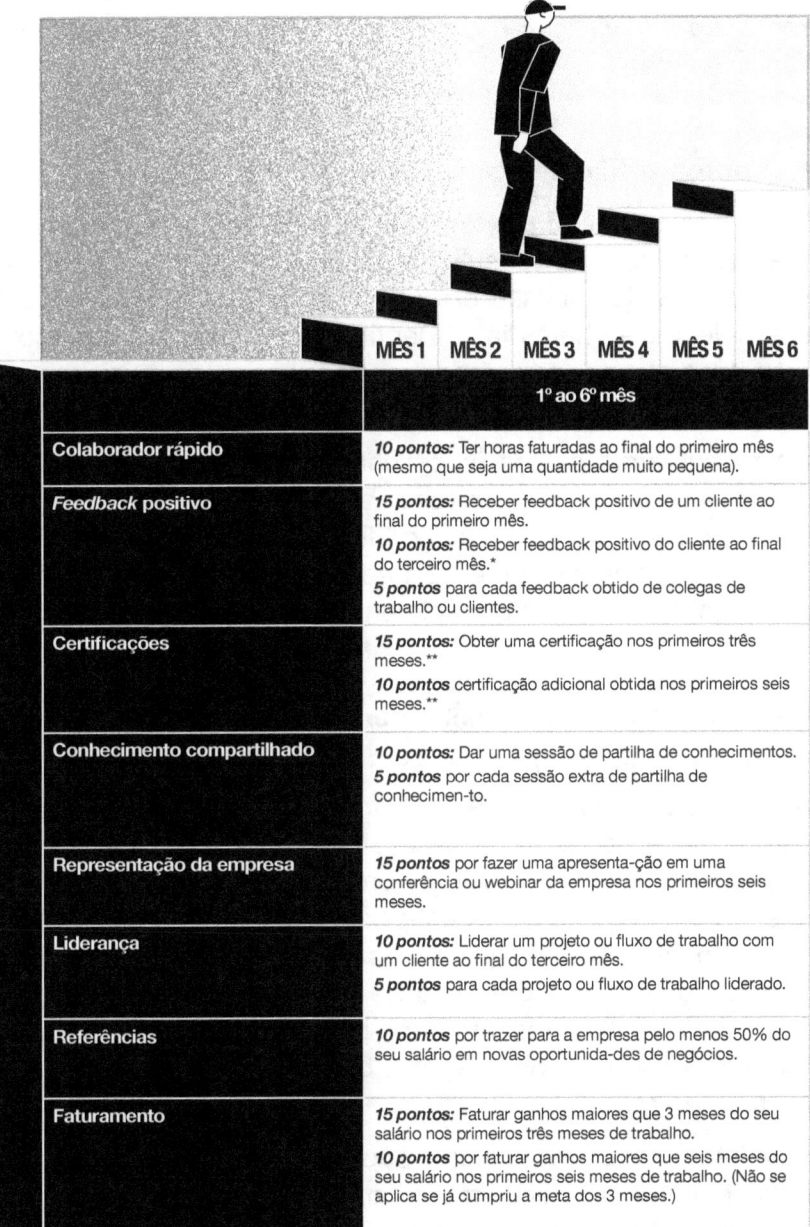

	1º ao 6º mês
Colaborador rápido	**10 pontos:** Ter horas faturadas ao final do primeiro mês (mesmo que seja uma quantidade muito pequena).
Feedback positivo	**15 pontos:** Receber feedback positivo de um cliente ao final do primeiro mês. **10 pontos:** Receber feedback positivo do cliente ao final do terceiro mês.* **5 pontos** para cada feedback obtido de colegas de trabalho ou clientes.
Certificações	**15 pontos:** Obter uma certificação nos primeiros três meses.** **10 pontos** certificação adicional obtida nos primeiros seis meses.**
Conhecimento compartilhado	**10 pontos:** Dar uma sessão de partilha de conhecimentos. **5 pontos** por cada sessão extra de partilha de conhecimen-to.
Representação da empresa	**15 pontos** por fazer uma apresenta-ção em uma conferência ou webinar da empresa nos primeiros seis meses.
Liderança	**10 pontos:** Liderar um projeto ou fluxo de trabalho com um cliente ao final do terceiro mês. **5 pontos** para cada projeto ou fluxo de trabalho liderado.
Referências	**10 pontos** por trazer para a empresa pelo menos 50% do seu salário em novas oportunida-des de negócios.
Faturamento	**15 pontos:** Faturar ganhos maiores que 3 meses do seu salário nos primeiros três meses de trabalho. **10 pontos** por faturar ganhos maiores que seis meses do seu salário nos primeiros seis meses de trabalho. (Não se aplica se já cumpriu a meta dos 3 meses.)

*O feedback positivo é bastante subjetivo, mas pode ser um simples e-mail de agradecimento ou um reconhecimento formal pelo seu esforço.

**Tenha em mente que a certificação deve ser útil e comparável a uma certificação de Salesforce Associate ou similar.

Pronto para revisar seu progresso? Vamos ver quanto você avançou até agora.

+85 pontos - "Excelente":

Se você alcançou 85 pontos ou mais nos primeiros seis meses, parabéns, você é um consultor nato! Está bem encaminhado para uma carreira de sucesso em consultoria de TI. Provavelmente, seus colegas e chefes já o identificaram como um recurso de alto potencial e portas começam a ser abertas para um futuro de sucesso.

Já nos primeiros meses, você conseguiu faturar receitas mais altas que seu salário, recebeu bom feedback de colegas e clientes, obteve mais de uma certificação e liderou iniciativas. Se você mantiver este nível, estará em condições de alcançar uma estratégia de saída confortavelmente nos primeiros dois anos.

70 - 84 pontos - "No caminho certo":

Se obteve entre 70 e 84 pontos, teve um primeiro semestre bastante produtivo! Você já assentou as bases para uma carreira de sucesso em consultoria de TI e está preparado para construir um argumento sólido para uma promoção a médio prazo. Você conseguiu faturar uma quantidade importante nos primeiros meses, igual ou maior que seu salário, obteve certificações e recebeu comentários positivos de colegas. Talvez já tenha tido a oportunidade de resgatar um projeto problemático em um momento crítico ou obteve uma boa recomendação de algum cliente importante.

Ainda não o identificaram como superestrela da organização, mas ainda há tempo! Continue trabalhando no sentido de se destacar nos próximos meses e alcançar a estratégia de saída ao final do segundo ano.

Menos de 70 pontos: "Oportunidade de melhoria"

Se você desse obteve menos de 70 pontos revise seus passos anteriores e reforce seu progresso até agora. Esta pontuação pode se dever a fatores como falta de oportunidades dentro da empresa para demonstrar suas habilidades, relacionamento pouco fluído com seu gerente, falta de alinhamento entre habilidades e tarefas disponíveis ou uma combinação de todos esses elementos.

Talvez você tenha conseguido faturar nos primeiros meses, mas não tanto quanto gostaria, ou obteve uma certificação imediata e bom feedback de colegas, mas não teve a chance de participar de trocas de conhecimentos ou representar a empresa de nenhuma forma.

Não desanime, tome isso como um sinal para iniciar uma conversa sincera com seu gerente e explorar opções para se destacar nos próximos meses. Se perceber que não há possibilidades de melhoria em sua empresa atual, pode ser prudente explorar novas oportunidades em outro lugar para não atrasar seu progresso e poder cumprir sua estratégia de saída em dois anos. Há oportunidades de melhoria antes de continuar avançando, mas você precisa concentrar esforços para brilhar!

Um por todos e todos por um: como criar alianças profissionais

Vamos continuar? Nesta segunda parte do livro, você aprenderá a navegar pelas turbulentas águas do espaço de trabalho.

Imagine seu local de trabalho como um ecossistema com diferentes tipos de pessoas desempenhando papéis específicos. Em todas as sociedades, mesmo no escritório, surgem hierarquias e papéis predefinidos. O escritório não é uma exceção, e será necessário navegar por ele para progredir da melhor forma possível. Isso faz parte da natureza humana e, consequentemente, da dinâmica dos escritórios.

Para entender e navegar por essa complexa rede de relacionamentos, proponho a seguinte **lista de arquétipos**, que são como personagens em uma peça de teatro, cada um com seu papel e estilo únicos. Tenho certeza de que, se você observar os colegas de escritório, poderá identificar neles pelo menos um desses arquétipos.

Tabela de arquétipos

A diversidade dentro de uma empresa costuma ser positiva: cada tipo de pessoa tem seus pontos fortes e uma função na qual se destaca.

Na seguinte tabela, compartilho alguns dos arquétipos que fui identificando ao longo dos anos. Todos são igualmente valiosos e necessários. Saber distingui-los e reconhecer-se em algum deles pode ajudá-lo a entender melhor suas qualidades e medidas de sucesso, assim como também a forjar alianças úteis. Se você é um visionário, por exemplo, será bom aliar-se a um Renascentista que possa se adaptar às suas ideias vanguardistas e um tanto extravagantes.

Arquétipo	Qualidades	Figura histórica ou fictícia	Medida de sucesso	Possíveis aliados
O Tecnocrata	Especialista, otimizador, solucionador de problemas, analista	Tony Stark	Sucesso medido pela complexidade dos problemas que resolve	Aliar-se a o Conector para combinar sua capacidade técnica com a influência e a comunicação efetiva do outro
O Conector	Diplomata, criador de oportunidades, comunicador	Jay Gatsby	Sucesso medido pelo seu grau de influência	Aliar-se ao Visionário para levar novas tendências e conceitos às suas redes de contatos
O Pioneiro	Trabalhador incansável, altos padrões de qualidade	Henry Ford	Sucesso medido por métricas objetivas e quantificáveis	Aliar-se com o Sherpa para capacitar outros adequadamente e com altos padrões de qualidade
O Sherpa	Excelente em formação, ajuda outros consultores a aprender	Confucio	Sucesso medido pelos êxitos de seus aprendizes	Aliar-se com o Tecnocrata para aproveitar sua experiência técnica no processo de formação
O Visionário	Sempre a par de novas tendências	Steve Jobs	Sucesso medido pelo grau de inovação que gera	Aliar-se com o Renascentista para enfrentar circunstâncias mutáveis com flexibilidade e adaptabilidade
O Renascentista	Excelente em cenários mutáveis, adaptável	Leonardo da Vinci	Sucesso medido pela sua habilidade para se destacar em circunstâncias novas e flutuantes	Aliar-se com o Pioneiro para aplicar altos padrões de qualidade em situações novas e flutuantes

Habilidades sociais para o sucesso

Certamente, as pessoas perguntam frequentemente a que você se dedica e, quando responde "consultor", elas têm dificuldade em entender o que é essa atividade. Já viu o meme "O que as pessoas pensam que eu faço vs. o que realmente faço"? Se alguém fizesse um meme para o mundo da consultoria de TI, veríamos o seguinte:

Contra a opinião popular, a realidade é que seu papel é mais o de um psicólogo. Ser um consultor de informática, mesmo que você se incline mais para o lado técnico, tem muito mais a ver com as pessoas do que com as coisas. Sua capacidade de compreender as necessidades dos clientes e colegas levará você muito mais longe do que as habilidades técnicas.

Então, quais são as habilidades que agregam valor? A experiência técnica é importante, mas não é tudo. No mundo moderno, há um preconceito que costuma valorizar mais as ciências exatas e os conhecimentos técnicos do que o humano e o criativo. Mas o que você tem a oferecer é justamente aquilo que não pode ser automatizado e substituído por máquina ou por um funcionário externo que desconhece os projetos em profundidade. As habilidades sociais, ao contrário das técnicas, são muito mais difíceis de automatizar ou externalizar.

A consultoria é uma indústria de serviços, o que significa que não se pode ignorar o elemento humano. Não importa quão bom você seja programando ou analisando dados; sem a capacidade de comunicar efetivamente descobertas ou fazer parte de uma equipe, seu impacto será limitado. Os clientes buscam mais do que soluções técnicas: buscam consultores que possam entender suas necessidades, medos e aspirações a nível humano. Assim como um robô não pode substituir um verdadeiro terapeuta, nenhuma máquina pode calcular as respostas que daria um consultor com experiência, empatia e tato.

Muitas vezes, o cliente precisa é de um ouvido atento. Além das habilidades técnicas brilhantes e projetos inovadores, a capacidade de ouvir atentamente e mostrar um genuíno interesse nas necessidades dos outros é o que o diferenciará do resto. Como disse Theodore Roosevelt: "As pessoas não se importam com o quanto você sabe, até que saibam o quanto você se importa com elas". Então, lembre-se: você não será lembrado pela qualidade de suas soluções, mas por como fez as pessoas se sentir.

Os reis se fazem na hora do cafezinho

As habilidades sociais não servem apenas para se relacionar com seus clientes, mas também com seus colegas de trabalho. No vasto reino do escritório, os verdadeiros líderes são forjados nas conversas cotidianas no cafezinho. É nesses momentos de casual que se revela a magia das habilidades sociais. Pode parecer trivial, mas a capacidade de iniciar um bate-papo, de fazer alguém se sentir ouvido e visto, é uma habilidade inestimável.

Imagine o seguinte: você está ao lado da máquina de café, esperando pacientemente enquanto o líquido quente e aromático enche sua xícara conversa. Entra um colega, talvez alguém de um departamento que você mal conhece. Em vez de se afundar no telefone ou nos próprios pensamentos, você decide fazer um comentário casual sobre o tempo ou perguntar como foi o dia dele.

Esse simples gesto pode ter um impacto monumental. Pode fazer alguém se sentir visto, reconhecido como indivíduo, e não apenas como uma engrenagem na maquinaria da empresa. Isso é especialmente verdadeiro com os novatos, que se sentem perdidos no mar de salas, corredores e nomes novos. Para eles, mesmo que não esteja há muito mais tempo que eles na empresa, você é um funcionário experiente. Eles apreciarão que você dedique seu tempo para integrá-los e se lembrarão do gesto no futuro. Isso pode soar um pouco como "engenharia social" e talvez você veja como um detalhe menor, mas essas pequenas interações com os novos colegas fazem uma grande diferença em suas relações futuras.

Você trabalha de forma remota e não tem o horário do cafezinho para encontrar seus colegas? Aproveite então os canais de comunicação virtual para falar um oi, fazer uma piada, perguntar como foi o fim de semana deles. Além disso, sempre há tempos de espera nas videochamadas antes de começar oficialmente uma reunião. Não desligue a câmera! Mostre-se e interaja com os outros. Você verá como os bons vínculos transformam o ambiente de trabalho em um local mais amigável e comunicativo.

O elogio pelas costas

Na série The Office, em certo momento, Michael (o chefe) diz o seguinte sobre Pam (uma funcionária do escritório): "Nunca diria na cara dela, mas ela é uma pessoa maravilhosa e uma artista talentosa". Embora na série Michael seja um chefe terrível, tem momentos de muita clareza. Um deles é o "elogio pelas costas": palavras que, ao serem ditas longe do destinatário, não buscam ganhar seu favor e, justamente por isso, soam mais sinceras.

Não há nada que destrua a confiança mais rápido do que descobrir que alguém fala mal de você pelas costas. Por outro lado, não há nada mais gratificante do que descobrir que alguém está elogiando você pelas costas. É a forma mais autêntica de elogio.

Em vez de murmurar críticas, opte por compartilhar elogios sinceros quando a pessoa não estiver presente. A honestidade em suas palavras será genuína, criando um ambiente de confiança e apreço mútuo. Lembre-se, uma palavra gentil tem o poder de construir relações sólidas sobre as quais se apoiar.

Como vencer a timidez sendo introvertido

Você sabia que de 25% e 40% da população se considera introvertida? Existe certa confusão sobre o que significa ser introvertido e, muitas vezes, confunde-se com timidez. Mas não é necessariamente verdade.

No seguinte diagrama de Venn, podemos observar as diferenças entre ser introvertido e tímido:

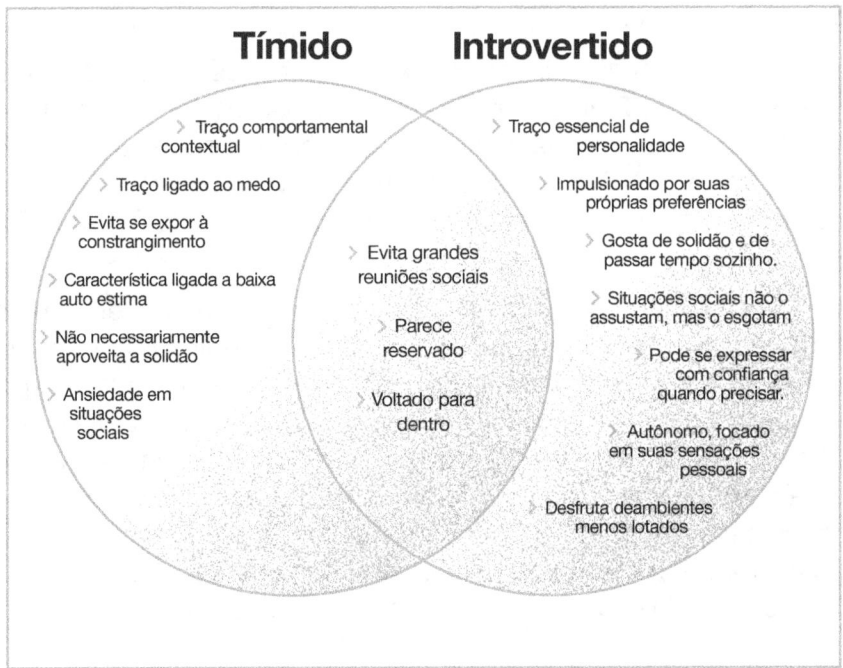

A introversão é um traço de personalidade que geralmente permanece estável ao longo do tempo. Por outro lado, a timidez é um comportamento baseado no medo do julgamento dos outros e depende mais da sua percepção do ambiente do que de quem você é fundamentalmente. E o mais importante, a timidez pode ser superada.

Eu era muito tímido, e minha timidez era uma expressão da minha insegurança naquele momento. Um dia, estava em uma reunião de uma equipe esportiva que ajudava a administrar, e estávamos discutindo um assunto que era muito importante para mim e sobre o qual tinha opiniões firmes. No entanto, em vez de expressar minha opinião, simplesmente fiquei calado. Obviamente, isso não ajudou ninguém. Em um determinado momento, um dos membros mais seniores do conselho, uma ótima pessoa e um grande líder, percebeu e me perguntou, em particular: "Você tem algo a dizer?". Quando eu disse que sim, ele respondeu: "Então, você deveria falar". Interrompeu a conversa em andamento e pediu a todos que me ouvissem. Ele me ensinou que meu único obstáculo para opinar era eu mesmo. Desde então, nunca deixei de me expressar.

Como consultor, ser introvertido não é necessariamente uma qualidade ruim. Pelo contrário: você precisa estar focado em si mesmo para desenvolver melhores soluções e resolver problemas por conta própria. No entanto, terá que superar a timidez. Assuma que você é o protagonista do filme, porque, de certa forma, você é.

Para a maioria dos clientes, trabalhar com consultores é uma experiência empolgante que os tira da rotina tediosa do trabalho e lhes confere certo status no trabalho. Assuma seu papel e use-o para fazê-los brilhar. Use sua presença para fazer alguém se sentir seguro e visível. Você pode fazer uma pergunta para que essa pessoa que nunca participa se destaque ou simplesmente ceder espaço àquele que você vê que não se atreve a opinar. Dessa forma, o cliente ou colega a quem você der voz valorizará que "o artilheiro do campeonato passou a bola pra você".

Conselhos para uma comunicação eficaz

Já aconteceu de você pular de reunião em reunião sem conseguir nada concreto? Nem todas as discussões costumam ser úteis, especialmente se quem as lidera não sabe direcioná-las corretamente ou ir direto ao ponto quando necessário.

Para evitar isso, além de ter coragem de levantar a mão e falar, também é importante aprender a ser direto e claro para ter reuniões produtivas.

Vou dar alguns **conselhos para moderar reuniões eficazes** e aproveitar ao máximo o tempo de todos

- **Organize a reunião com uma agenda e objetivos claros** (não divida a discussão em múltiplas reuniões que não levam a soluções).

- **Resuma seus pensamentos de forma compreensível para os outros**. Ordene as ideias em uma estrutura lógica, do geral ao particular, do contexto ao problema. Evite falar por falar. Para isso, leve suas anotações.

- **Tire ações concretas da reunião**. É fundamental que os debates levem a soluções efetivas. Se você perceber que a reunião está chegando ao fim sem conclusões claras, direcione a conversa para um encerramento e obtenha definições antes de terminar.

Essas ações vão ajudar você a organizar esforços para comunicar melhor suas ideias. É importante lembrar que o importante não é só o que você diz, mas como você diz. Por isso, a clareza e a organização são as melhores qualidades para dominar qualquer discussão.

Entenda seu público

Poucas pessoas chegam ao extremo de Michael Scott em "Diversity

Day" (se você não sabe do que estou falando, recomendo esse episódio de The Office), mas muitas vezes podemos cometer erros ao trabalhar com pessoas de diferentes contextos, mesmo com as melhores intenções. Isso pode acontecer com pessoas de outros países, mas também com seus próprios compatriotas. Mesmo dentro das fronteiras de uma mesma nação, encontramos uma variedade surpreendente de tradições, valores e formas de trabalhar.

A chave para se adaptar a cada ambiente é deixar de lado expectativas e preconceitos. Nem todas as pessoas se encaixam nos padrões que conhecemos. Por isso, é fundamental evitar a armadilha do excesso de confiança e da precipitação ao iniciar uma conversa com um cliente ou gerente. Você nunca sabe se algo que diz em tom de brincadeira será recebido como um insulto. A última coisa que você quer é ser considerado ofensivo.

Vou contar uma história que ilustra bem quão delicado pode ser esse **desequilíbrio entre boas intenções e maus resultados**. Há algum tempo, um conhecido estava na primeira reunião com um novo cliente. Ao se apresentar, o cliente mencionou como um fato curioso que seu nome era Ignacio, mas todos o chamavam de Nacho. A única pessoa que o chamava de Ignacio, explicou o cliente, era sua mãe, e apenas quando o repreendia. A reunião continuou e, em um determinado momento, o cliente fez uma pergunta à gerente de projeto que liderava a reunião. Acontece que essa dúvida já havia sido respondida em um e-mail anterior. A gerente, tentando fazer uma piada, respondeu como se o repreendesse: "Ignacio! Você não leu meu último e-mail?". No entanto, sua tentativa de humor não provocou risos. O cliente não entendeu a intenção, ficou desconfortável e levemente ofendido: por que a gerente de projeto usava esse tom e insistia em chamá-lo de "Ignacio", apesar de seu pedido?

Como pode ver, cada situação tem suas sutilezas. Nem todas as pessoas se expressam da mesma forma que nós ou riem das mesmas coisas. Por isso, é provável (especialmente se não conhecemos bem a outra pessoa) que encontremos obstáculos inesperados se tentarmos estabelecer uma relação de confiança prematuramente. Em vez de se apressar, é essencial dedicar tempo para entender e se adaptar a cada pessoa. Ou, se isso não for possível, manter uma distância amigável, mas correta. Ao fazer isso, você evita erros e possíveis momentos de desconforto, como o vivido pela gerente com Ignacio, ou melhor, Nacho

Faça amizade com o mundo da TI

"Casa de ferreiro, espeto de pau", diz o ditado. Mas você realmente confiaria em um ferreiro desse tipo?

Uma regra de ouro para qualquer trabalho é conhecer bem o ofício. Mostrar um interesse sincero no que você faz permite que você conheça as últimas novidades do setor e também o conecta com colegas e clientes.

Nesta seção, veremos como mostrar um interesse genuíno no setor e se tornar um nerd da área, no melhor sentido da palavra.

Conheça o *lore* da sua indústria

Não se limite a cumprir as tarefas: mergulhe de cabeça no mundo da tecnologia! Seu objetivo deve ser se tornar um nerd. Cultive uma obsessão pelos detalhes e curiosidades sobre as ferramentas e softwares que usa.

É essencial conhecer o *lore* da sua indústria. O *lore* refere-se ao conjunto de conhecimentos e tradições que cercam um mundo particular. Neste caso, o da tecnologia. Cada ferramenta com a qual você trabalha tem sua história e evolução ao longo do tempo, seus grandes mitos e segredos. Tornar-se um especialista neles permitirá que você se torne uma autoridade no assunto e ganhe a confiança de seus clientes e colegas.

Para isso, procure livros ou publicações sobre a tecnologia com a qual você trabalha. Blogs e fóruns de consultas também são úteis. Geralmente, há muito material disponível online. É útil adicionar às discussões comentários como "Ouvi dizer que esta nova característica será um ponto chave na próxima atualização", o que pode enriquecer e dar profundidade às conversas.

A confiança como moeda de influência

Lembra daqueles julgamentos que aparecem nos filmes, onde o promotor analisa cada detalhe do acusado com um olhar meticuloso? Quando você é consultor, seu comportamento está sendo examinado sob um microscópio, e deve ser impecável. Um pequeno descuido pode arruinar sua reputação.

A ética é um atributo bom de ter e também algo central na carreira. Uma boa ética, sustentada ao longo do tempo, é o que ganhará a confiança de seus clientes. E a confiança é o ativo mais valioso que você pode possuir. É a moeda com a qual você adquire influência, constrói alianças sólidas e solidifica sua reputação.

Para ganhar a confiança dos outros, são necessárias tanto palavras quanto ações: não basta dizer que é o melhor (embora seja bom que todos saibam), mas também sê-lo.

Henry Ford dizia: "Você não pode construir uma reputação com o que vai fazer". E isso é verdade. A confiança é construída cumprindo promessas. Você pode ser amigável, elogiar as pessoas, dominar do bate-papo, mas se as pessoas duvidarem de suas habilidades ou intenções, sua carreira acabou!

A seguir, veremos maneiras de ganhar a confiança de colegas e clientes.

A arte de doar

Os gestos de solidariedade com outros colegas de trabalho rendem uma reputação de integridade e também aliados. Sempre que puder, tire um tempo para fazer um favor. Pode ser um detalhe menor, mas urgente. Se você vir um colega em dificuldades e que não pode chegar a tempo para uma reunião importante, dê uma mão e ofereça-se para moderar a conversa ou tomar notas. Por exemplo, em uma ocasião, consegui ajudar um colega em algo muito pequeno, que provavelmente ninguém notou, exceto ele. Era sua primeira ligação com um cliente e ele tinha que compartilhar sua tela na reunião. Estava muito nervoso, pois era sua primeira experiência cara a cara com o cliente. À medida que avançávamos na chamada, percebi que a bateria do computador dele estava prestes a acabar. Então, levantei-me e fui buscar o carregador, voltei e o conectei. Pude ver o alívio em seu rosto. Às vezes, não é preciso muito, mas se é sincero e transmite a mensagem "estou aqui para ajudar", será notado.

Há situações mais complexas, onde você deve avaliar o custo desse favor. Por exemplo, quando você está em um projeto que falha por erro de um colega e não seu, quem deve assumir a culpa? Embora seja arriscado associar-se a um fracasso, assumir a responsabilidade por uma falha da equipe demonstra senso de responsabilidade. Prova que você é capaz de assumir a responsabilidade por suas ações e as de seus colegas. Essa atitude pode mostrar que você tem jeito para ser um "supervisor" natural. Além disso, terá para sempre um vínculo com os colegas que realmente cometeram o erro e a quem você salvou.

Redes de apoio são fundamentais: cada pessoa que você ajuda a levantar pode, em última análise, ajudar a alcançar novas alturas. Ajudar os outros em um momento difícil cria alianças e também mostra que você é um pilar para os outros e alguém pronto para assumir maiores responsabilidades.

O papel terapêutico

Está comprovado que as pessoas em quem mais confiamos e com quem mais nos abrimos são aquelas que cuidam da nossa saúde. Valorizamos nossos médicos e psicólogos porque acreditamos que buscam nosso bem-estar. Em nossos diálogos com eles, nos faz bem ouvir seu tom tranquilizador e paciente.

Esse é o tom que você deve adotar com clientes e colegas para servir de figura terapêutica para eles. Suas palavras devem expressar: "Estou aqui para ajudar". Aprenda a ouvir como um médico: pratique a empatia e mostre interesse genuíno nas preocupações e necessidades deles.

Quando você se comunica com empatia e cuidado, cria um ambiente de confiança e mostra que valoriza pensamentos e emoções das outras pessoas. A confiança em um consultor é essencial para que suas opiniões sejam aceitas com segurança. Se um cliente acha que seu consultor o conhece bem e protege seus interesses, ele se tornará um aliado fiel na hora de recomendá-lo e impulsioná-lo.

Discrição, um ativo importante

Diante de um consultor, o cliente se expõe: conhecemos seus números, problemas e suas questões delicadas. Claramente, é uma preocupação para os clientes compartilharem essa informação com uma empresa e funcionários que não conhecem de perto. Se não confiarem 100% no consultor, será difícil serem sinceros e transparentes. Por isso, é essencial demonstrar que você é uma pessoa com ética impecável e o melhor dos confidentes.

Às vezes, pequenos detalhes, como garantir que não mostre nada que não deveria ao compartilhar sua tela, fazem a diferença. Parece algo menor, mas não será a primeira vez que um cliente se ressente ao ver um documento sensível em uma chamada. Uma vez, um colega meu compartilhou a tela e uma das abas mostrava um artigo sobre como "entrar com um processo contra o empregador". Não é preciso dizer que essa reunião não foi muito boa...

Outra boa dica: desative todas as notificações durante as reuniões, sempre. Se você está em reunião com a empresa ABC, nunca se sabe se algum colega pode escrever no Slack brincando: "Coitado, duas horas com a ABC", exatamente quando você está compartilhando a tela com o diretor deles. Zoom, Google Meet e outras ferramentas de videoconferência têm uma ótima função que permite escolher se mostra toda a tela ou apenas uma aba específica. Sempre que possível, use essa opção para evitar momentos constrangedores.

Outro conselho importante é ser honesto e coerente no trabalho: não minta sobre suas horas de trabalho e não fale dos seus outros clientes. Os clientes querem saber que têm toda a sua atenção e tempo. Não querem descobrir que você registra mais horas do que realmente trabalha, nem ouvir falar dos seus outros clientes (que podem até ser concorrentes). Não se mostre preguiçoso, nem fale dos ex: faça cada cliente se sentir especial.

Lembre-se, a ética não é simplesmente um conjunto de regras: é uma filosofia de trabalho que define quem você é como consultor. A integridade e o respeito pela confidencialidade são aspectos que o tornam confiável. E se confiarem em você, os clientes estarão dispostos a colocar suas empresas em suas mãos.

Como negociar como um chefe

No mundo empresarial, saber negociar é uma arte inestimável. Entender como falar por si mesmo, como apresentar suas conquistas e, o mais importante, como convencer os outros do seu valor, são habilidades fundamentais para avançar na carreira.

Timing é tudo

Quando você era criança, com certeza escolhia a dedo o momento perfeito para pedir algo aos seus pais. Não ia pedir um brinquedo novo quando os via estressados ou distraídos, e sim quando sabia que estavam de bom humor e tinham dinheiro para comprá-lo. Pedir em outro momento podia significar respostas como "Amanhã veremos", "Conversamos mais tarde" ou um "não" categórico.

O mesmo acontece quando você quer pedir uma promoção ou aumento. As revisões de desempenho são momentos cruciais para fazer essas propostas, quando há orçamento e tempo para discuti-las.

Promoções e aumentos dentro de uma empresa costumam seguir um calendário específico. Conheça essas etapas e quando informar seu chefe sobre o que procura. Nos Estados Unidos, por exemplo, as revisões de orçamento costumam ser feitas no Q4, perto do final do ano fiscal, para obter definições para o Q1 do ano seguinte. Certifique-se de discutir expectativas salariais antes que as decisões orçamentárias sejam finalizadas, porque isso pode colocá-lo em posição de vantagem na negociação.

Estabeleça e cumpra metas concretas

Nada prova melhor um caso do que referir-se às evidências. Para medir seu progresso nas revisões de desempenho, as empresas costumam recorrer a resultados concretos. Por isso, tenha algo a mostrar.

É importante estabelecer no início de cada período uma série de ações concretas que você possa realizar em curto prazo: os Indicadores *Chave de Desempenho (KPIs)*. Podem ser, por exemplo, *feedback* positivo, contribuições internas ou a aquisição de novos clientes. Certifique-se de acompanhar seus KPIs mês a mês, pois serão a prova tangível da sua contribuição para a empresa.

Outra forma de demonstrar resultados concretos é apresentar as certificações que obteve recentemente, pontuações em avaliações, horas de trabalho de cada projeto e o feedback positivo de clientes. Reúna tudo o que acrescente argumentos a seu favor: é melhor cansar o chefe com uma exposição muito longa do que ter poucos resultados que o respaldem.

Para se organizar, utilize alguma ferramenta de acompanhamento de projetos e conquistas para documentar seus sucessos, os projetos nos quais trabalhou e os elogios que recebeu dos clientes. Assim, quando chegar o momento da revisão de desempenho, terá dados concretos e conquistas específicas que respaldarão o pedido de aumento salarial.

Como apresentar seu caso

A revisão de desempenho está se aproximando e você cumpriu todos os seus KPIs? É hora de defender sua causa.

Uma vez que já tenha conquistas para mostrar e que tenha analisado sua situação e necessidades, o próximo passo é fazer um benchmark do seu papel no mercado. É bom saber a quais posições aspirar com sua experiência e quais salários costumam ser pagos por elas.

Faça uma pesquisa de mercado utilizando ferramentas como Glassdoor e Robert Half ou encontre recrutadores da sua área e guias salariais com informações sobre as empresas que lhe interessam. Esses recursos fornecerão dados chave sobre os salários da sua indústria.

Uma vez que já tenha claras as expectativas salariais e um intervalo determinado (onde seu objetivo real esteja no mínimo do que pedir), lembre-se de destacar suas conquistas por meio de resumos de projetos e testemunhos de clientes. Serão seus melhores aliados para mostrar como suas habilidades e contribuições impactaram positivamente na empresa e clientes.

Está quase pronto! Só falta a parte mais difícil: sentar-se para negociar. Se acha difícil colocar em palavras seu pedido ou não sabe bem o que dizer para quebrar o gelo, não se preocupe. Use algumas técnicas do livro "Never Split the Difference", que me ajudaram muito em meu caminho. A seguir, mencionarei algumas delas.

- **Fique um passo à frente da" promotoria"**. Antecipe as questões que seu chefe possa ter antes que ele as expresse. Por exemplo, comece dizendo: "Sei que o orçamento para o próximo ano é limitado, o que torna cada decisão ainda mais difícil...", para depois desarmar esse argumento e explicar por que ainda assim vale a pena lhe dar o aumento.

- **Comece com um "não"**. Comece expondo a dificuldade do seu caso para que argumentem o contrário e, assim, você possa abrir a discussão sobre suas expectativas. Pergunte: "seria demais pedir um aumento de 20% depois de apenas um ano de trabalho árduo aqui?". A ideia é que seu chefe diria "não", o que o condicionaria a começar a defender que, na verdade, é um pedido razoável.

- **Utilize a Regra dos 11%**. Quando fizer uma contraproposta, peça 11% a mais do que é oferecido inicialmente e evite números redondos. Por exemplo, em vez de pedir R$ 90.000,00, solicite R$ 90.550,00. Se seu chefe oferecer R$ 80.000,00, não tenha medo de fazer uma contraproposta de R$ 88.800,00. Isso dá a impressão de que você realizou uma pesquisa detalhada e tem um número específico em mente.

- **O "Pedido de Brincadeira"**. Mencione sua futura promoção como se fosse em brincadeira, de maneira que você possa insistir no assunto sutilmente. Por exemplo, se perguntarem se tem tempo para uma nova tarefa, você poderia responder com um tom leve: "Farei tudo que me aproximar daquele aumento, haha!". Ou fale casualmente ao longo do ano sobre as coisas que compraria com seu aumento, de maneira que a ideia esteja sempre presente, embora em tom relaxado e de brincadeira.

Lembre-se, não se trata de ser arrogante, mas de mostrar confiança em suas habilidades e ambições de maneira positiva e autêntica. Apresentar seu caso com confiança e preparação pode fazer toda a diferença.

Como lidar com crises

A importância de delegar: o operador de emergências

A importância de saber delegar no mundo da consultoria é comparável à função de um operador de emergências que recebe e gerencia as chamadas que chegam e designa os recursos necessários para lidar com situações de crise. Sem esses outros recursos (médicos, policiais, bombeiros), o operador não poderia fazer nada.

Mesmo os melhores consultores precisam de uma equipe ao

seu redor para obter os melhores resultados. Aprender a delegar é fundamental, embora possa ser difícil. Às vezes, pensamos: "Ah, fazer a tarefa levaria 15 minutos, mas explicá-la levará 30 minutos". Embora isso seja verdade, a acumulação de tarefas rapidamente se tornará esmagadora. Imagine um chef tentando cozinhar seis pratos ao mesmo tempo, descascar doze tipos diferentes de legumes e limpar a cozinha simultaneamente. Seria um caos.

O que você precisa fazer é, primeiro, identificar quais tarefas pode delegar. Em geral, são as tarefas mais simples que, embora não sejam complicadas, consomem muito tempo e tendem a se repetir. Em segundo lugar, identifique a quem você pode delegar essas tarefas. Aqui, a qualidade supera a quantidade. É melhor confiar em um pequeno número de pessoas de confiança, geralmente de 1 a 5. Por exemplo, eu sempre tenho um desenvolvedor de confiança para cada tipo de tarefa, e sei que posso contar com eles quando necessário. Dessa forma, você garante que as tarefas serão realizadas de maneira eficiente e a tempo, o que permitirá que se concentre nas responsabilidades que realmente exigem sua experiência e habilidades únicas.

Como o operador de emergências que direciona as chamadas para o pessoal adequado, saber delegar permite gerenciar crises de forma eficaz e manter o fluxo de trabalho sem problemas.

Como delegar com sucesso

Como dissemos antes, delegar é algo essencial e necessário. Para delegar corretamente, é essencial respeitar a cadeia de comando. É preciso saber quem contatar para cada tarefa ou consulta, seja colegas, o líder do projeto ou diferentes áreas da empresa.

É crucial conhecer os canais adequados de consulta e o formato correto para apresentar seus pedidos e dúvidas. Se sua equipe tem reuniões diárias de acompanhamento, use-as. Se não tem, comunique-se com o gerente de projeto e já tenha em mente a pessoa adequada a ser contatada. Como dissemos antes, o gerente apreciará que você já venha com uma solução e que tenha feito as averiguações prévias para delegar a questão rapidamente. Por exemplo, se uma tarefa requer a visão de outro consultor, tente identificar quem poderia ajudá-lo, veja se essa pessoa tem disponibilidade para lhe ajudar e, só então, pergunte ao gerente se acha que podem encaminhar o pedido.

Para enquadrar os pedidos de maneira adequada, recomendo ter um método preferido que você use regularmente e que estruture sua consulta. Dessa forma, a informação fica estruturada de maneira clara e é mais fácil obter uma resposta concreta e rápida. Além disso, mostrar-se como alguém organizado e metódico ajuda a melhorar sua imagem profissional. Pessoalmente, uso meu método NORD (ou NORP em português). Você pode incorporá-lo e adaptá-lo de acordo com suas preferências:

- **Necessidade (need)**. Escreva o que precisa no pedido, tente ser conciso e claro. Por exemplo: "Preciso carregar os dados dos clientes no sistema".
- **Objetivo (outcome needed)**. Escreva qual é o objetivo do seu pedido, o que busca alcançar. Por exemplo: "Que todos os clientes estejam carregados no sistema com um relatório de validação".
- **Razão (reason)**. É uma tarefa urgente e preciso de uma mãozinha.
- **Prazo (deadline).** Antes do final do dia de amanhã.

Lembre-se, ao delegar tarefas, clareza e empatia são essenciais. Ao comunicar suas necessidades de maneira precisa e respeitosa, você facilita o processo para todos e, o mais importante, evita perder tempo em tarefas muito específicas ou administrativas.

3. Como chegar ao porto seguro

3: Como chegar ao porto seguro

Ponto de controle

Você já chegou muito longe e se aproxima da sua meta de dois anos. É hora de começar a preparar o desembarque como consultor sênior. Para garantir que chegue em boas condições a essas novas praias, é fundamental que sua estratégia de saída esteja clara.

Mas antes, vejamos se percorreu todas as etapas anteriores.

Para se preparar para a estratégia de saída, você precisa cumprir certas condições. Algumas dependem diretamente de você e outras, como conseguir um aumento ou atribuições a projetos relevantes, envolvem outros atores. Mas se seguiu os conselhos que compartilhei na parte dois, verá que eles serão cumpridos em pouco tempo e você estará preparado para a última etapa.

Montei a seguinte lista para verificar se você percorreu as etapas anteriores do processo. E se descobrir que ainda não chegou lá, não se preocupe! Revise o capítulo anterior e veja quais pontos enfatizar.

Checklist dos primeiros 18 meses

Você já viu esta checklist no primeiro ponto de controle aos seis meses. Agora, é hora de revisar os objetivos cumpridos de lá até os primeiros 18 meses de carreira.

Para passar para a próxima etapa como consultor, o ideal é que, neste último ano, você tenha somado um mínimo de 85 pontos para estar bem encaminhado para alcançar sua estratégia de saída:

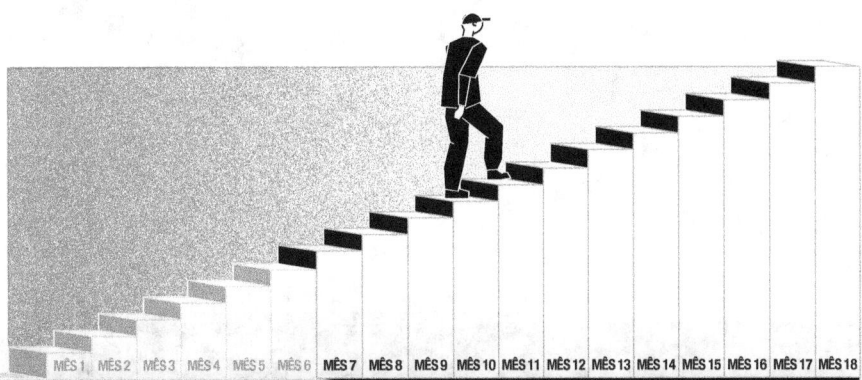

	7mo a 18vo mês
Colaborador rápido	**15 pontos:** Obter uma média de horas faturadas de +85%. **10 pontos:** Obter uma média de horas faturadas de 70-84%.
Feedback positivo	**5 pontos** por cada feedback obtido de colegas de trabalho ou clientes.
Certificações	**10 pontos** por cada certificação obtida.
Conhecimento compartilhado e melhorias contínuas	**15 pontos** por cada melhoria de processos aprovada e implementada em algum projeto. **10 pontos** por cada melhoria de processos aprovada, mas não implementada ainda. **5 pontos** por cada sessão de intercâmbio de conhecimento que você realize.
Representação da empresa	**10 pontos** por cada conferência, webinar ou evento de que você participe representando a empresa.
Liderança em projetos comuns	**15 pontos** por cada projeto ou fluxo de trabalho grande que você lidere. **10 pontos** por cada projeto ou fluxo de trabalho médio que você lidere. **5 pontos** por cada projeto ou fluxo de trabalho regular que você lidere.

	7º ao 18º Mês
Liderança em projetos críticos	**15 pontos** por cada projeto ou fluxo de trabalho grande que você tenha resgatado em um momento crítico. **10 pontos** por cada projeto ou fluxo de trabalho médio ou pequeno que você tenha resgatado em um momento crítico.
Referências e novos negócios	**10 pontos** por trazer para a empresa pelo menos 50% do seu salário anual em novas oportunidades de negócios. **5 pontos** por cada oportunidade de mudança ou de venda adicional que você tenha identificado com sucesso.
Faturamento e negociação	**15 pontos** se o seu faturamento foi maior que o dobro do seu salário do último ano. **10 pontos** se o seu faturamento foi 1,5 vez maior que o seu salário do último ano. **5 pontos** se você usou o método de "pedido de brincadeira", da seção "Como negociar como um chefe", para pedir aumento ou promoção.

Já mediu seu progresso? Vejamos como se saiu.

+85 pontos - "Excelente":

Se alcançou 85 pontos ou mais neste último ano, parabéns, você está pronto para o que vem em frente! Você se destaca entre os colegas por contribuir constantemente com novos negócios, melhorar processos e levar adiante até os projetos mais complicados. Além disso, não hesita em compartilhar conhecimentos com outros e tomar a iniciativa de representar a empresa da melhor maneira. Está pronto para seguir em direção à sua estratégia de saída!

70 - 84 pontos - "No caminho certo":

Se obteve entre 70 e 84 pontos, teve um bom desempenho no último ano. Há oportunidade de melhoria e de se destacar, mas já é conhecido como um colaborador confiável e trabalhador, que mostra responsabilidade ao liderar projetos e iniciativas. Para se posicionar ainda melhor frente à sua estratégia de saída, tente somar pontos por meio de algumas das realizações ainda pendentes: busque novas oportunidades de negócio, assuma a liderança de um projeto em crise ou obtenha mais feedback positivo dos clientes.

Abaixo de 70 pontos: "Oportunidade de melhoria":

Se ficou abaixo de 70 pontos neste momento, é hora de acelerar ou analisar melhor sua situação atual. Existe a possibilidades de se destacar na empresa atual? Então, aproveite-as. Levante a mão quando surgirem tarefas com projetos críticos ou clientes importantes. Ofereça-se para dar palestras, conferências ou treinamentos. É importante que, neste último trecho, você tenha oportunidades de se destacar. Se não encontrar espaço para isso, não tenha medo de buscar novas oportunidades em vez de ficar estagnado. Reveja o último capítulo e veja que atitude pode tomar para ganhar pontos no trabalho.

Como falar com autoridade sem parecer arrogante

Vamos prosseguir? Preparemos o desembarque!

Você já mediu seus feitos e sabe que é um consultor estrela. Essa confiança é chave para se apresentar ao mundo: as pessoas confiam naquelas que irradiam segurança. Mas sempre é importante ter em vista a linha tênue que separa segurança de arrogância.

Uma das habilidades mais importantes para fortalecer a imagem de pessoa confiável é saber falar com autoridade sem parecer condescendente. Ninguém gosta de uma pessoa arrogante, e o tom em que dá suas opiniões é chave para evitar que os colegas acabem odiando você. Embora todos queiram o conselho de um especialista, ninguém tolera um sabe-tudo.

Em vez de adotar uma postura teórica e pedante (e reconheço que sou pedante em recuperação), é crucial compartilhar experiências reais e práticas. Os recém-formados tendem a falar com palavras grandiloquentes e citar autores e textos conhecidos. Mas um consultor pragmático, com anos no campo, destaca-se por sua própria experiência, sem necessidade de ostentar.

Vou contar uma história. Cerca de dois anos depois de começar minha carreira, eu estava em uma reunião com um cliente e um consultor mais experiente, que tinha um estilo de comunicação excelente. Estávamos revisando os segmentos financeiros que o cliente propunha usar no sistema para mostrar os lucros por país, canal de vendas etc. Na reunião, o cliente forneceu a lista de linhas de produtos, que incluía itens como ferramentas, serviços, peças e acessórios, programas de treinamento e certificação, clientes individuais, clientes industriais, clientes comerciais, clientes americanos, clientes não americanos. Obviamente, a lista não fazia sentido. Misturava linhas de produtos com categorias de clientes. Comecei a tentar explicar isso ao cliente, mas ele não conseguia captar minha mensagem, carregada de palavras grandiloquentes e frases longas. Após alguns minutos de ida e volta sem sucesso, o consultor mais experiente me interrompeu e simplesmente disse: "Esses segmentos não têm o mesmo critério. Precisamos que sejam a mesma coisa

". O cliente entendeu imediatamente. Este exemplo mostra que, às vezes, basta ser breve e conciso para se comunicar melhor.

Você tem dificuldades em adotar o tom correto para dar sua opinião? Vamos ver alguns exemplos que ilustram a diferença entre palavras vazias e comentários que realmente se baseiam na experiência.

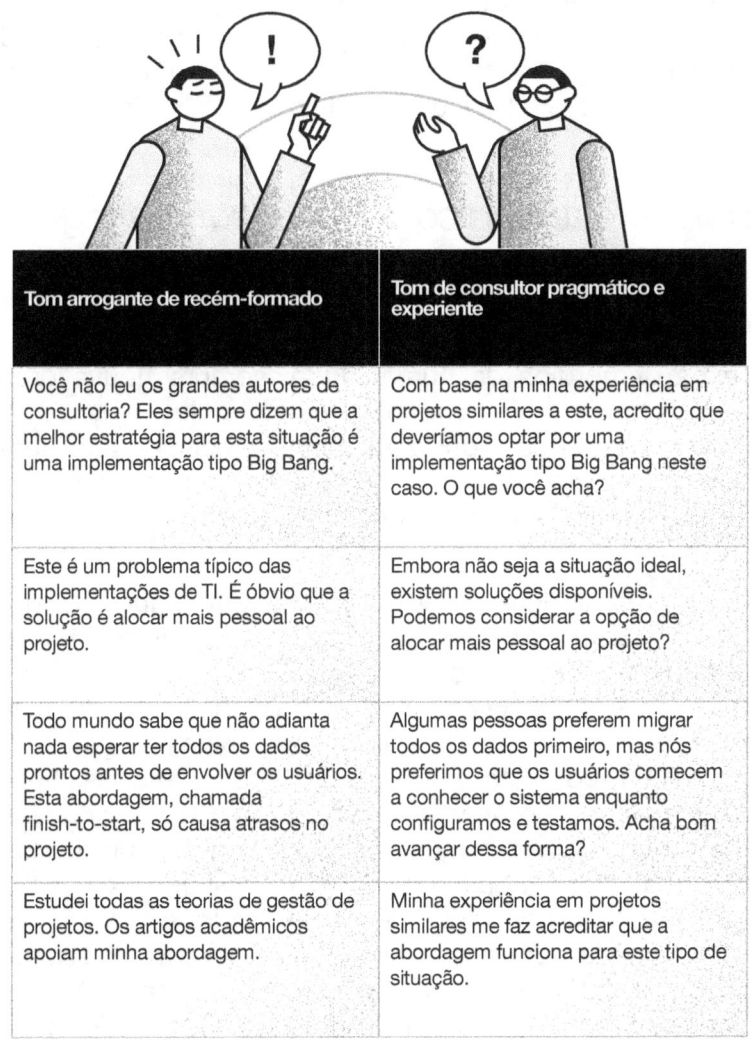

Tom arrogante de recém-formado	Tom de consultor pragmático e experiente
Você não leu os grandes autores de consultoria? Eles sempre dizem que a melhor estratégia para esta situação é uma implementação tipo Big Bang.	Com base na minha experiência em projetos similares a este, acredito que deveríamos optar por uma implementação tipo Big Bang neste caso. O que você acha?
Este é um problema típico das implementações de TI. É óbvio que a solução é alocar mais pessoal ao projeto.	Embora não seja a situação ideal, existem soluções disponíveis. Podemos considerar a opção de alocar mais pessoal ao projeto?
Todo mundo sabe que não adianta nada esperar ter todos os dados prontos antes de envolver os usuários. Esta abordagem, chamada finish-to-start, só causa atrasos no projeto.	Algumas pessoas preferem migrar todos os dados primeiro, mas nós preferimos que os usuários comecem a conhecer o sistema enquanto configuramos e testamos. Acha bom avançar dessa forma?
Estudei todas as teorias de gestão de projetos. Os artigos acadêmicos apoiam minha abordagem.	Minha experiência em projetos similares me faz acreditar que a abordagem funciona para este tipo de situação.

Do ponto de vista teórico, evite mencionar teorias específicas. Não soe como um estudante do primeiro ano que acabou de aprender um novo conceito favorito. Use uma abordagem prática. É melhor dizer "algumas pessoas preferem..." do que usar uma linguagem teórica complexa. Isso permite compartilhar conhecimentos valiosos sem parecer presunçoso.

Além disso, mostre um interesse genuíno no assunto durante a conversa. Ouça profundamente o que dizem em vez de pensar no que pode responder para soar inteligente. Demonstrar curiosidade e fazer perguntas não faz você parecer menos informado, e sim comprometido com o tópico específico.

Um aliado estratégico: seu *project manager*

De onde vem o papel do consultor? Há papéis semelhantes ao longo da história?

Desde os primórdios da humanidade, sempre houve grandes líderes - imperadores, militares, chefes de estado - que precisavam de conselhos para tomar decisões em tempos complexos. A grande maioria contava com um "braço direito", alguém experiente em quem confiavam para obter uma segunda opinião.

Pense no cardeal Richelieu ou Grigori Rasputin, que ficavam nos bastidores exercendo influência política em seu entorno. Richelieu, embora não fosse rei, era o confidente mais próximo do monarca francês, Luís XIII, e fazia articulações políticas para influenciar as decisões reais, como um arquiteto silencioso da França do século XVII. Rasputin, por outro lado, era um místico e conselheiro do czar Nicolau II da Rússia no início do século XX. Não ocupava um cargo oficial no governo, mas tinha uma conexão profunda com a família real russa. Seus conselhos e previsões exerciam uma tremenda influência sobre a czarina Alexandra e, por meio dela, sobre o czar e as decisões imperiais. As palavras desses dois personagens históricos tinham um peso enorme para aqueles que tomavam as decisões finais em questões de importância nacional. De certa forma, podemos dizer que exerciam um papel de "consultores", oferecendo soluções aos seus confidentes.

Como essas pessoas chegaram a um lugar de influência? Podemos dizer que o que os impulsionou foi justamente sua proximidade com aqueles que estavam no poder, que confiavam neles para guiá-los.

Como funciona essa dinâmica de poder dentro da consultoria? Embora, externamente, o cliente geralmente reine, quem detém o poder interno são sempre os gerentes de projeto. É importante saber disso, porque o grau de influência de um consultor será medido por sua proximidade com essa pessoa. O gerente de projeto está em um lugar de liderança que pode impulsionar sua trajetória profissional ou, no pior dos casos, freá-la. Para alcançar um impacto significativo em seu trabalho, entender é necessário entender as necessidades do seu gerente e traduzi-las em ações eficazes.

O segredo é: pense em seu gerente de projeto como seu cliente interno, o responsável por decidir quem faz o quê e quando. Ele é quem tem as chaves do carro de luxo, e você quer dirigir essa Ferrari. Se o seu gerente de projeto confiar em você, garantirá que seja designado para projetos de grande visibilidade e com sucesso garantido. Ao chegar ao final dos primeiros dois anos, a última coisa que você deseja é um projeto fracassado que atrapalhe seu progresso.

Portanto, é essencial que você se torne o consultor a quem esses gerentes de projeto recorrem para resolver problemas e oferecer soluções. Esse vínculo é a chave para o seu crescimento profissional. Aprenda a entender suas necessidades e expectativas, e seja proativo na busca de oportunidades para contribuir.

Está pronto para se tornar o confidente do seu gerente de projeto? A seguir, darei algumas dicas para fortalecer essa relação.

Não apresente problemas, resolva-os

Se você quer que um project manager confie em você, acima de tudo, não lhe apresente problemas desnecessários. Os project managers medem o sucesso de forma diferente e se estressam com coisas diferentes das que estressam você. Eles não se importam com a solução em si, mas se preocupam em evitar problemas com o cliente. Querem responder a qualquer pergunta sobre prazos e orçamentos e deixar a seu cargo questões relacionadas à solução.

Às vezes, é inevitável que surja um problema e que você precise avisá-los. Nesse o caso, faça isso o mais cedo possível e prepare uma possível solução com antecedência. Por exemplo, se durante uma ligação com um cliente você perceber que ele reclamar que estão excedendo o orçamento, envie uma mensagem ao seu gerente dizendo: "É possível que este cliente entre em contato sobre orçamento estourado. Poderíamos cortar custos se eliminássemos esta parte do projeto. Mas também poderíamos argumentar a favor de mantê-la, dizendo o seguinte...". Dessa forma, você justifica a alocação de recursos, mas dá opções ao gerente de projeto caso o cliente insista em cortar custos. É importante alcançar um equilíbrio entre suas prioridades e as do gerente, que nem sempre coincidem, como veremos a seguir.

Quando ceder e quando ser flexível

Há algo inerentemente conflitante na relação entre consultores e gerentes de projeto, que surge do choque entre duas perspectivas distintas. Como consultores, nosso foco costuma estar na qualidade e na experiência do cliente, e não tanto nos recursos investidos para obtê-las. Por outro lado, os gerentes são responsáveis por cumprir prazos e orçamentos restritos; enfrentam a pressão constante de equilibrar recursos e custos sem comprometer a satisfação do cliente.

Tal dinâmica gera tensões naturais: os consultores buscam a perfeição na entrega final, enquanto os gerentes de projeto se esforçam para manter o equilíbrio entre tempo, custo e qualidade. Vamos ver em detalhe como essas duas perspectivas se diferenciam.

Variável	Perspectiva do consultor	Perspectiva do gerente de projeto
Tempo	Às vezes, é necessário estender os prazos para obter um melhor resultado.	É necessário sempre respeitar o tempo e os prazos restritos.
Qualidade	A qualidade tem prioridade e se reflete diretamente na experiência e satisfação do cliente.	A qualidade é importante, mas sempre deve respeitar os prazos e orçamentos definidos no contrato.
Orçamento	O orçamento não é tão relevante, a menos que afete o escopo ou a qualidade do trabalho.	O orçamento é prioritário, pois é necessário manter os custos dentro dos números estimados.
Recursos	São necessários os melhores recursos para obter o melhor resultado.	É necessário alocar os recursos eficientemente, mesmo que isso signifique comprometer a qualidade.
Feedback do cliente	O feedback do cliente afeta diretamente a reputação do consultor e seus trabalhos futuros.	O feedback do cliente é importante, mas também são as restrições da equipe e do orçamento.
Escopo	O escopo do projeto pode ser expandido (os conteúdos e processos que abrange) se isso significar uma maior satisfação do cliente.	É melhor manter o projeto dentro do escopo original para gerenciar o tempo e o orçamento.

É bom saber quando afirmar sua experiência e quando é crucial manter uma postura firme. Em alguns casos, onde a qualidade do projeto está comprometida ou você está perto do esgotamento por má alocação de tarefas, é importante manter-se firme. Vejamos alguns exemplos:

- Exemplo 1: Seu *project manager* quer reduzir os controles de qualidade para cumprir um prazo. Você afirma que isso criará riscos que superam os benefícios e pressiona para realizar pelo menos os testes mínimos.

- Exemplo 2: O projeto está se encaminhando em uma direção claramente contrária às melhores práticas. Você apresenta ao *project manager* um caso respaldado por dados e recorre à sua experiência para influenciar a decisão.

- Exemplo 3: Você está constantemente sobrecarregado de tarefas. Em vez de aceitar e terminar esgotado, você conversa com seu *project manager* e propõe um plano para redistribuir as tarefas e, assim, obter melhores resultados.

Também é necessário saber compreender quando ceder pelo bem maior do projeto ou quando sua luta não vale a pena. A seguir, alguns exemplos desses casos:

- Exemplo 1: O project manager insiste em usar uma ferramenta específica que você não gosta, mas que é um padrão da empresa. Você cede porque a disputa não vale a possível interrupção do fluxo de trabalho.

- Exemplo 2: Duas tarefas têm igual importância, mas você só pode se concentrar em uma. O project manager decide por você. Em vez de resistir, você respeita sua decisão final na definição de prioridades.

- Exemplo 3: Você tem um pequeno desacordo com seu project manager sobre o cronograma do projeto, mas após avaliar o panorama geral, você descobre que isso não afetará gravemente o resultado. Você opta por ceder para manter o projeto em movimento.

Lembre-se: guarde sua energia para as discussões que importam. Nos esportes, não é raro encontrar um técnico incompetente (ou um cuja visão você não compartilha totalmente). Nesses casos, qual é a melhor maneira de influenciar esse técnico? Não é dizendo-lhe o que fazer desde o início. Se fizer isso, seu técnico pode se tornar defensivo, sentindo que você quer desempenhar o papel dele. Por outro lado, se você permitir que o técnico teste primeiro sua abordagem, será mais fácil sugerir melhorias em privado, como *feedback* construtivo. Por exemplo, propor mudanças em algum jogador porque você o viu cansado no campo no final do jogo. A chave para que ouçam seus conselhos está na forma como você os dá, sem desacreditar a autoridade do outro.

Se seu *project manager* está contente com você, será mais fácil ele levar em conta sua opinião nos assuntos que importam. Portanto, não perca tempo em brigas, foque sempre nas soluções possíveis.

Como aproveitar o tempo livre

Todos precisamos de um descanso às vezes, isso é inegável. Mas há tempos ociosos que apresentam oportunidades-chave para se destacar. Então, aproveite essas férias e faça com que trabalhem a seu favor!

Se você está em uma empresa com negócios internacionais, haverá dias em que sua empresa estará trabalhando enquanto seus clientes estão de folga. Use esses dias tranquilos para se concentrar em projetos pessoais ou tarefas que normalmente não teriam prioridade. Não precisa fazer isso sozinho, convide seus colegas para participar! Tome a iniciativa e seja uma influência positiva no escritório, aquela que mobiliza os outros a continuar aprendendo com você.

Se está tentando aprender uma nova habilidade ou funcionalidade, aproveite esse tempo livre para criar algo concreto que possa compartilhar. Por exemplo, prepare um guia de estudo, um manual de alguma nova funcionalidade, uma sessão de intercâmbio de conhecimentos ou um guia de implementação.

A mesma estratégia se aplica para os meses tranquilos e de menor fluxo de trabalho. Na América do Norte, a temporada mais movimentada coincide com o calendário escolar: a consultoria de TI tem mais trabalho entre setembro e início de dezembro e entre o final de janeiro e o final de junho. Na América Latina, o ritmo costuma diminuir em torno da Semana Santa e do Natal. Use esses períodos de inatividade, em que você tem mais tempo, para fazer coisas que não poderia quando está sobrecarregado. Não se negue o descanso, mas tente avançar um pouco a cada dia com uma tarefa que considere útil e necessária.

Preparando-se para o desembarque

Chegamos ao final da jornada! É hora de ver quanto chão você percorreu e o que o aguarda nas próximas etapas.

A primeira coisa a fazer, uma vez que concluiu a jornada de júnior a sênior, é avaliar sua posição atual na empresa para ver se ela coincide com o que você esperava na estratégia de saída (definimos essa estratégia na seção "A declaração de visão", no capítulo 1). Não se preocupe se perceber que mudou em alguns aspectos; como tudo na vida, é normal que sofra modificações com o tempo.

Pode ser que ainda esteja contente com sua empresa atual, que ainda veja oportunidades de avanço e reconhecimento dentro dela, e decida ficar. É uma opção perfeitamente válida. Outra opção, se perceber que chegou a um limite, pode ser procurar novas oportunidades fora da empresa, buscar novos horizontes.

Qualquer que seja sua decisão quanto à empresa atual, recomendo que redija uma nova declaração de missão e visão para os próximos dois a cinco anos partindo da sua estratégia atual de saída e projetando onde se vê no futuro. Depois, pode voltar a praticar o percurso que desenvolvemos no primeiro capítulo e renovar suas bases. Terá que repetir o mesmo processo novamente: avaliar empresas, encontrar aquelas que se alinhem com sua missão e visão etc. Para isso, revise o capítulo 1 com o novo cenário que se apresenta.

Como vê, o crescimento na carreira é um processo cíclico. O que aprendeu neste livro não só lhe ajudará no curto prazo, mas também é aplicável em cada uma das suas etapas profissionais. Experimente agora colocar em prática o que aprendeu para passar de sênior a chefe em tempo recorde!

Lembre-se, sua jornada em direção ao sucesso está em constante evolução, então siga em frente e conquiste seus sonhos!

Agradecimentos

Primeiramente, desejo expressar minha mais profunda gratidão a meus mentores e colegas profissionais, cuja orientação, percepções e inspiração foram essenciais para o conteúdo deste livro. Sua sabedoria e experiência foram faróis na minha jornada.

Um agradecimento especial a Francis que, durante um almoço casual na Pharmascience no final de 2015, descobriu minha afinidade com a TI e proporcionou minha primeira grande oportunidade de brilhar. A Guillaume, por oferecer a primeira (e também segunda e quarta, para dizer a verdade) oportunidade que tive em consultoria. Sua confiança em mim tem sido inestimável. A Matt, que confiou em mim e me ajudou a realizar o sonho de trabalhar fora do Canadá.

Não posso deixar de mencionar meus amigos e familiares, cujo apoio emocional e incentivo têm sido pilares neste processo. Mariana, obrigado por me levar a ser a melhor versão de mim a cada dia. Ainda te devo um churro, espero que em breve possamos comê-lo. A Camilo, por me apontar a direção correta para realmente levar adiante o projeto deste livro.

Por último, meu reconhecimento a Sofia, Paula e Ignácio pela ajuda inestimável em dar vida a este livro. Sua dedicação, talento e criatividade têm sido cruciais em cada etapa do processo editorial.

A todos, obrigado por fazerem parte desta viagem e por me ajudarem a transformar um sonho em realidade.

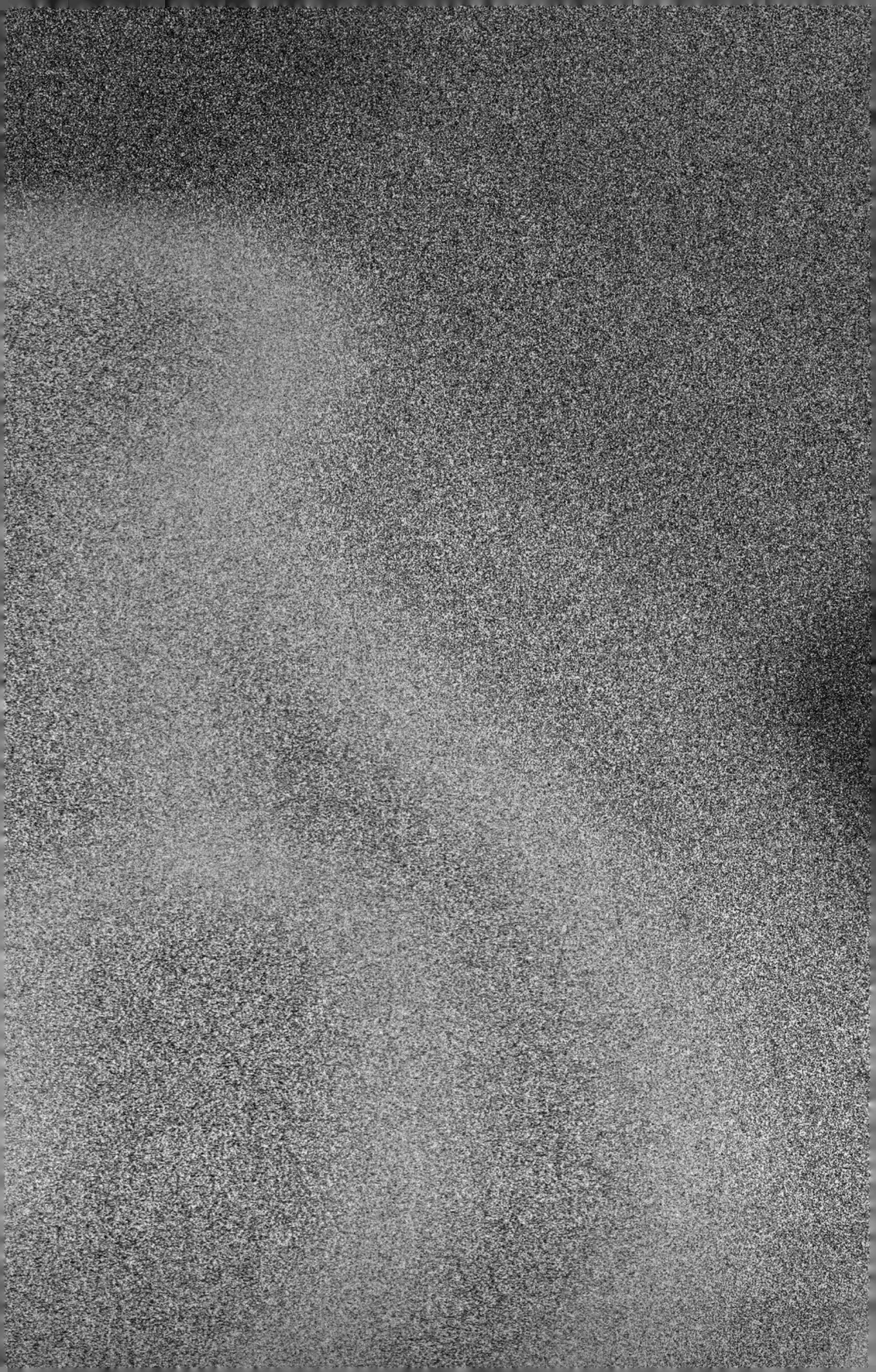

www.ingramcontent.com/pod-product-compliance
Lightning Source LLC
Chambersburg PA
CBHW071942210526
45479CB00002B/783